Julius Adrian F. Wilhelm von Verdy du Vernois

Beitrag zum Kriegsspiel

Zweite Auflage

Julius Adrian F. Wilhelm von Verdy du Vernois

Beitrag zum Kriegsspiel
Zweite Auflage

ISBN/EAN: 9783744658447

Hergestellt in Europa, USA, Kanada, Australien, Japan

Cover: Foto ©ninafisch / pixelio.de

Weitere Bücher finden Sie auf **www.hansebooks.com**

Beitrag zum Kriegsspiel

von

J. von Verdy du Vernois,
General-Major.

Mit einem Plane.

Zweite Auflage.

Berlin 1881.
Ernst Siegfried Mittler und Sohn
Königliche Hofbuchhandlung
Kochstraße 69. 70.

Mit Vorbehalt des Uebersetzungsrechts.

Inhalts-Verzeichniß.

Seite

Vorwort
Durchführung eines Kriegsspiels.
  Einleitung 1
  Stellung der Aufgaben und Vorarbeiten 3
  Beginn und Durchführung des Spiels 13
    1. Vormarsch beider Detachements und Aufklärung durch die vorgeschobenen Eskadrons 13
    2. Rückzug der Kavallerie des Ost-Detachements bis hinter die Pleiße 29
    3. Rechtsabmarsch des West-Detachements von Gautzsch nach Schloß Markkleeberg 34
    4. Rekognoszirung des West-Detachements auf dem rechten Ufer der Pleiße 41
    5. Gefecht um Connewitz 48
    6. Abbrechen des Gefechts und Rückzug des West-Detachements 66
  Besprechung 68
  Schlußbemerkung 76
Anlage 1 77
Anlage 2 79

Vorwort.

Der Nutzen des Kriegsspiels ist heutigen Tages ein allgemein anerkannter. Dennoch trifft man häufig auf Fälle, in welchen der Versuch, es zu betreiben, schon sehr bald wieder aufgegeben wurde.

Bei dem Vorhandensein trefflicher Bücher, welche die Anleitung zur Durchführung des Spiels bieten und auf Grund deren dasselbe schon seit langer Zeit mit großem Erfolge betrieben worden ist, muß diese Erscheinung auffallen und giebt Veranlassung, ihr näher zu treten.

In den meisten Fällen habe ich hierbei, nach den Gründen forschend, die Antwort erhalten: „Es ist Niemand da, der es recht zu leiten versteht."

Insofern sich dies auf die Beurtheilung der militärischen Situationen, die sich im Laufe des Spiels ergeben, bezieht, kann die Antwort nicht als stets stichhaltig bezeichnet werden. Allerdings verlangt das Spiel eine Kenntniß der Leistungsfähigkeit und Gefechtsthätigkeit aller Waffen, sowie ihrer hauptsächlichsten reglementarischen Formen. Zu diesen Bedingungen soll aber die erste Vorbildung des Offiziers bereits die Grundlage gelegt haben, und selbst, wo diese nicht ausreichend sein sollte, vermag das Spiel das davon Vorhandene weiter zu entwickeln. Dann aber, vom Stabsoffizier aufwärts, kann beim Manöver bereits jeder Offizier in die Lage kommen, Abtheilungen aller drei Waffen zu führen; die betreffenden Chargen müssen sich mithin für derartige Aufgaben vorbereiten und werden beim Kriegsspiel daher sehr wohl in der Lage sein, die hierauf bezüglichen Fragen zu erledigen.

Möge nun die Vorkenntniß des jungen Offiziers immerhin Lücken aufweisen, mögen selbst die Entscheidungen des Leitenden vielfach angreifbar sein, auf derartige Verhältnisse wird man bei sehr vielen militairischen Uebungen stoßen — selbst wenn sie mit Truppen im Terrain ausgeführt werden.

In diesen Ursachen kann nicht vorzugsweise das Scheitern eines Kriegsspiels begründet sein, dies muß vielmehr anderswo gesucht werden, und habe ich, soweit meine Erfahrungen reichen, allerdings gefunden, daß die Gründe meist auf der rein technischen Seite der Leitung des Spieles liegen, bei der sich der Neuling aus den Regeln, der Anwendung der Würfel- und der Verlust-Tabellen nicht zurecht findet.

Allerdings wird Jemand, der das Spiel noch nicht aus der Praxis erlernt hat, sich durch eigenes Studium der maßgebenden Bücher über das Kriegsspiel nur sehr mühsam und mit großem Zeitaufwande so weit durcharbeiten und vorbereiten können, daß er die Leitung einer derartigen Uebung zu übernehmen vermag. Hierdurch wird gewiß in den kleinen Garnisonen mancher Offizier, der durch seine Stellung vorzugsweise berufen wäre, die Angelegenheit in die Hand zu nehmen, völlig abgeschreckt.

Keineswegs will ich den Nutzen verkennen, den die bewährten Anleitungen zum Kriegsspiel mit ihren Regeln, Würfeln und Verlust-Tabellen gewährt haben und auch in Zukunft noch gewähren werden. — Er besteht vorzugsweis· darin, daß der Leitende in den Regeln feste Bestimmungen findet, welche die Grenzen der Leistungsfähigkeit der Truppen und ihrer Gefechtsthätigkeit angeben, daß die Waffenwirkung in den Verlust-Tabellen ihren vollen Ausdruck gewinnt und die Würfel, indem sie dem Zufall eine berechtigte Einwirkung gewähren, anscheinend gegen parteiische Entscheidungen sichern.

Es fragt sich aber, ob dem Spiele nicht auch dann noch ein großer Nutzen abgewonnen werden kann, wenn man die Schwierigkeit der Handhabung, welche die erwähnten Hülfsmittel mit sich bringen, sowie den Zeitaufwand, den sie erfordern, vermeidet, und diese Frage muß erfahrungsmäßig bejaht werden.

Den militairischen Nutzen, welchen das Kriegsspiel zu erzielen strebt, verfolgen auch die Uebungsreisen in ihrer verschiedenartigen Gestalt. Es werden solche seitens des Chefs des Generalstabes der Armee, bei den einzelnen Armee-Korps, als Kavallerie-Uebungsreisen, seitens der Kriegsakademie, oder in freiwilliger Vereinigung verschiedener Offiziere einer Garnison abgehalten. Nirgends ist dabei das Bedürfniß hervorgetreten, durch den Zufall des Würfels die nothwendigen Entscheidungen zu treffen, vielmehr giebt der Leitende diese Entscheidungen nach seinen Ansichten. Ebensowenig tritt die Nothwendigkeit hervor, die Waffenwirkung in der detaillirtesten Weise zu berücksichtigen; es genügt, wenn man das allgemeine Resultat ins Auge faßt, ob eine Truppe große Verluste erlitten hat, ob sie so erschüttert ist, daß ihre Gefechtskraft wesentlich geschwächt wurde, oder ob sie überhaupt noch unter der Wirkung des feindlichen Feuers weiter zu gehen resp. ihren Platz zu behaupten vermag.

Sehr wohl läßt sich daher die Art und Weise, welche den Uebungsreisen im Terrain zu Grunde liegt, in ihren allgemeinen Prinzipien auch auf Uebungen übertragen, welche im Zimmer und auf Plänen ausgeführt werden. Unterschiede werden natürlich dabei hervortreten. Den Uebungen an den Plänen fehlt z. B. die unmittelbare Anschauung des Terrains und damit auch das ganze Gebiet der Terrain-Rekognoszirung, dagegen gestatten sie eine große Zeitersparniß und umfassen in wenigen Stunden Ereignisse, die im Terrain manchmal nur im Laufe eines oder mehrerer Tage entwickelt werden können.

Die Uebungen auf den Plänen, unter Zugrundelegung obiger Prinzipien, können indeß auf zwei verschiedene Arten betrieben werden, je nach dem Maßstabe der Pläne, welche man benutzt und den speziellen Absichten, welche man alsdann verfolgt.

Nimmt man hierzu Generalstabs-Karten, so eignen sich diese besonders zu dem sogenannten strategischen Kriegsspiel, welches gestattet, größere Operationen mit bedeutenden Truppenmassen, ja sogar ganze Feldzüge zum Gegenstand der Beschäftigung zu machen. Der kleine Maßstab nöthigt dabei taktische Details meist in großen Zügen zusammenzufassen und schließt die plastische Anwendung von verschiedenen Truppenzeichen aus.

Bedient man sich dagegen der bisher üblichen Kriegsspiel-Pläne (meist im Maßstabe von 1 : 8000), so lassen sich die den Generalstabsreisen zu Grunde liegenden Prinzipien der Leitung ebenfalls zur Anwendung bringen, und man ist gleichzeitig in der Lage, auf die taktischen Details unter Benutzung von Truppenzeichen einzugehen.

Ein derartiges Verfahren vermindert alsdann den Zeitaufwand, welchen ein auf Durchführung aller Regeln und Verluste basirtes Spiel erfordert, um ein Bedeutendes und erleichtert die technische Handhabung, an welcher diese so nützliche Beschäftigung so vielfach scheitert.

Die Anwendung dieser Truppenzeichen, welche auf den Plänen aufgestellt werden, sobald der Gegner sie in Wirklichkeit erblickt, ist ein sehr nutzbringendes Hülfsmittel. Bei den Uebungsreisen im Terrain, wo man dem Offizier z. B. sagen muß: „Stellen Sie sich vor, daß Sie aus jenem Dorfe auf der Chaussee eine Infanterie-Kolonne heraustreten sehen", wird häufig die Erfahrung gemacht, daß sehr tüchtige Offiziere, welche im Angesicht des Feindes sofort wissen, was sie zu thun haben, sich nur schwer oder sogar gar nicht in die Lage hinein denken können. Der Grund hierfür ist, daß es ihnen an der dazu nöthigen Phantasie fehlt; diesem Mangel wird auf dem Plane durch das Aufstellen von Truppenzeichen meist abgeholfen.

Der allgemeine Nutzen des Kriegsspiels läßt sich daher durch drei verschiedene Arten desselben erreichen, bei denen die speziellen Zwecke nach verschiedenen Richtungen hin sich mehr oder weniger ausdehnen:

1) Als strategisches Kriegsspiel unter Benutzung von Generalstabs-Karten, wobei mehr ein Manövriren und Operiren, als taktisches Detail vorherrschen wird.

2) In der durch die bisher erschienenen Bücher mit ihren Regeln, Würfel- und Verlust-Tabellen bedingten gründlichen Weise.

3) In einem abgekürzten Verfahren, unter Benutzung der bisherigen Kriegsspiel-Pläne und Truppenzeichen, jedoch ohne Anwendung der Regeln, Würfel- und Verlust-Tabellen.

Eine jede Vereinigung von Offizieren wird diejenige Methode wählen, welche ihren speziellen Zwecken und Neigungen am meisten zusagt; welche aber auch gewählt werden mag, immerhin hängt der Werth der Uebung von der Fähigkeit des Leitenden und dem Grade seiner militairischen Durchbildung ab.

In Bezug auf das strategische Spiel ist die nöthige Vorkenntniß durch die große Zahl von Offizieren, welche an einer praktischen Uebungsreise bereits Theil genommen haben, hinlänglich verbreitet.

Für die sub 2 erwähnte Methode bieten vortreffliche Bücher den Anhalt; die vorliegende Arbeit beschäftigt sich daher nur mit einer Anweisung für die sub 3 erwähnte Art und Weise. Keineswegs ist diese Methode eine neue; bereits vor mehr als zwanzig Jahren habe ich einer Gesellschaft angehört, welcher dieselbe als Grundlage ihrer Uebungen diente, und seitdem habe ich — abgesehen vom strategischen Kriegsspiel — das Spiel nie anders betrieben; die nachfolgende Arbeit soll nur als Anhalt dienen für diejenigen, welche etwa es in dieser Weise noch nicht kennen gelernt haben.

Als einfachste Art, diesen Anhalt zu bieten, erschien mir: ein Spiel mit verhältnißmäßig geringen Abtheilungen und unter Betheiligung einer Zahl von Offizieren, wie solche etwa bei einem detachirten Bataillon sich vorfinden, durchzuführen.

Es ließe sich dies sehr leicht am Plane selbst durch mündlichen Vortrag erläutern, es hat aber in der schriftlichen Durchführung seine sehr großen Schwierigkeiten, namentlich da alle Berechnungen und Ortsbestimmungen hier eine umständliche und oft schwer zu ermöglichende Auseinandersetzung fordern, während sie dort durch einfaches Abmessen, resp. Zeigen des betreffenden Punktes, sofort deutlich werden. Ich habe indeß den Versuch unternommen, in der Hoffnung, damit vielleicht zur weiteren Verbreitung dieses für die Ausbildung eines jeden Offiziers so äußerst nützlichen und gleichzeitig angenehmen Hülfsmittels hier beitragen zu können, namentlich denjenigen Herren Kameraden gegenüber, welche vielleicht bisher die Würfel- und Verlust-Tabellen, sowie die Regeln abgeschreckt haben sollten.

Königsberg, Dezember 1875.

v. Verdy.

Durchführung eines Kriegsspiels.

Einleitung.

Zu dem hier in Rede stehenden Kriegsspiel gehören als nothwendige Requisiten ein Detail=Plan, eine Uebersichts=Karte, Truppenzeichen, Maßstäbe und Zirkel.

Die Detail=Pläne sind in verschiedenem Maßstabe verbreitet; im vorliegenden Falle habe ich einen der alten Kriegsspiel=Pläne im Maßstabe von 1 : 8000 zu Grunde gelegt, nebst den dazu gebräuchlichen Truppenzeichen, da beide heutigen Tages wohl noch am meisten verbreitet sind. Der anliegende Plan ist der Uebersichtlichkeit wegen vierfach verkleinert, also im Maßstabe 1 : 32,000.

Die Uebersichts=Karte bietet am geeignetsten die betreffende Sektion der Generalstabs=Karte.

Was die Truppenzeichen betrifft, so findet sich die Erklärung zu denselben jedesmal bei dem betreffenden Kriegsspiel=Apparat; es kann daher hier von der Erklärung Abstand genommen werden, wie ein Bataillon, eine Eskadron ꝛc. durch dieselben dargestellt wird. Festgehalten muß jedoch dabei werden, daß diese Bleifiguren des alten Kriegsspiels eigentlich nur Marken sind, welche nur ungefähr den Raum einnehmen, dessen der Truppentheil in Wirklichkeit bedarf. So z. B. bezeichnen zwei Infanterie=Steine, von je zwei Kompagnien übereinandergesetzt, ein nach der Mitte in Kolonne formirtes Bataillon. Richtig ist dabei nur, daß alsdann die schmale Seite die ungefähre Front eines derartig formirten Bataillons angiebt, während die lange Seite die Tiefe desselben mehrfach überschreitet. Zwei derartige Steine mit der schmalen Seite aneinandergesetzt, bedeuten ein in Marsch=Kolonne formirtes Bataillon, wodurch alsdann zwar die Tiefe desselben ungefähr zum Ausdruck gelangt, die Breite der Steine dagegen wiederum die wirkliche Breite eines derartig marschirenden Truppentheils bedeutend überragt.

Es muß daher in jedem Falle durch Aufeinandersetzen oder Neben- oder Hintereinanderschieben der verschiedenen Steine eine Kombination herbeigeführt werden, durch welche die Front oder Tiefe, worauf es nun in dem Moment am meisten ankommt, annähernd am besten markirt wird.

In Bezug auf die Marsch-Kolonnen der Truppen habe ich in dem folgenden Beispiel als Grundlage angenommen, daß

    ein in der Marsch-Kolonne befindliches Bataillon eine Tiefe von 400 Schritt,*)

    eine Eskadron eine solche von 200 Schritt und

    eine Batterie ebenfalls eine solche von 400 Schritt hat.

Wenn auch diese Zahlen nicht genau mit anderweitigen Annahmen übereinstimmen, so spricht doch der Umstand für sie, daß sich in der Wirklichkeit die Marsch-Kolonnen mehr verlängern, als dies meistentheils angenommen wird. Im Uebrigen steht Jedem, der eine solche Uebung leitet, frei, von anderen Zahlen, die seiner Ansicht nach der Wirklichkeit mehr entsprechen, Anwendung zu machen.

Was die Fortbewegung betrifft, so gehe ich dabei von der Leistungsfähigkeit der Truppe in einer Minute aus und lege auch hier abgerundete Zahlen zu Grunde.

Demgemäß berechne ich bei guten Wegen und nicht angegriffenen Mannschaften und Pferden für Infanterie eine Marschgeschwindigkeit von 100 Schritt, bei der Kavallerie und Artillerie im Trabe von 300 Schritt, im Galopp von 500 Schritt in der Minute.

Dem Leitenden steht es frei, diese Ziffern zu modifiziren, je nachdem er eine angegriffene Truppe oder schlechte Wege voraussetzt oder andere Einwirkungen annimmt.

---

*) Inklusive Patronenwagen, Medizinkarren, Handpferde, Distanzen c.

Stellung der Aufgaben und Vorbereitungen bis zum Beginn des Spiels auf den Plänen.*)

Die Aufgaben zu der Uebung werden von dem Leitenden (Vertrauten) gestellt. Es kann dies vor den zur Vereinigung bestimmten Abenden bereits geschehen, es kann auch am Abend selbst erst erfolgen. Das Erstere ist vorzuziehen, da derjenige, welchem in Wirklichkeit ein Auftrag ertheilt wird, in den allermeisten Fällen einige Zeit hat, sich die zu treffenden Anordnungen reiflich zu überlegen. Wollte man ihm diese Zeit erst am Versammlungs-Abend gewähren, so blieben die übrigen Betheiligten zunächst unbeschäftigt und würde die Dauer der Uebung an diesem Abende dadurch unnöthigerweise in die Länge gezogen werden.

Es wird also angenommen, daß die bezüglichen Aufträge einen oder mehrere Tage vorher ertheilt worden sind und die Anordnungen, welche beide Parteien treffen, dem Leitenden demnächst ebenfalls vorher zugegangen sind.

Die Aufgaben müssen eine Darlegung der allgemeinen Verhältnisse enthalten, soweit sie in der Wirklichkeit beiden Parteien bekannt sein würden, ferner für jede einzelne die spezielle Lage, in welcher sie sich befindet. Am besten geschieht dies in der-

---

*) Es wird angenommen, daß sich unter Leitung des Bataillons-Kommandeurs 3 Hauptleute und 10 Lieutenants behufs Ausübung des Spiels vereinigt haben. Ersterer wählt einen dieser Offiziere zu seiner speziellen Unterstützung (Gehülfe), während die anderen in zwei Parteien, welche gegen einander kämpfen sollen, vertheilt werden. Die Wahl eines Gehülfen ist jedoch keine absolute Nothwendigkeit. Er soll dem Leitenden nur seine Thätigkeit erleichtern, namentlich dadurch, daß er die verschiedenen, auf den Plänen erforderlich werdenden Messungen ausführt und die zu machenden Notizen übernimmt. Hat der Leitende bereits einige Gewandtheit in der technischen Handhabung des Spiels, so kann er den Gehülfen entbehren.

selben Weise, wie die Stellung der Aufgaben bei den Detachements-Uebungen und Divisions-Manövern erfolgt, und sind auch für unsere vorliegenden Uebungen die für jene gültigen Bestimmungen maßgebend.

Wir lassen zunächst die für beide Parteien schriftlich und einige Tage vor dem für die Uebung festgesetzten Abend gegebenen Aufträge folgen:

1. Aufgabe für den Hauptmann A. (Ost-Detachement.)
General-Idee.

Eine Ost-Division ist am 1. August durch eine überlegene West-Division von Markranstädt bis Leipzig zurückgedrängt worden; die Vorposten stehen sich daselbst an der Elster gegenüber.

Zwenckau ist noch gegen Abend von einem Detachement der West-Division besetzt worden.

Spezial-Idee für das Ost-Detachement.

Die Nachricht von der Besetzung Zwenckaus ist erst am 2. August gegen 5 Uhr früh in Leipzig eingegangen.

Der Kommandeur der Ost-Division, welcher Leipzig zu halten beabsichtigt, beauftragt Oberst A. mit

    2 Bataillonen Infanterie,
    2 Eskadrons Dragonern und
    1 Batterie

die Deckung der linken Flanke bei Connewitz zu übernehmen und nach Zwenckau aufzuklären.

Das Detachement steht um 6 Uhr früh auf der Chaussee nach Zwenckau in Höhe des Vorwerks Brand zur Verfügung.

Notiz:
1) Es ist bis zum 12. huj. Mittags 12 Uhr einzureichen: Anordnungen des Obersten A. am 2. August zwischen 5 und 6 Uhr früh.
2) Dem Ost-Detachement sind zugetheilt:
Premier-Lieutenants B. und C.
Sekonde-Lieutenants D. und E.

                          Unterschrift des Leitenden.

2. **Aufgabe für den Hauptmann X. (West-Detachement.)**
General-Idee.
(Gleichlautend mit der oben angegebenen.)

Spezial-Idee für das West-Detachement.

Die West-Division beabsichtigt am 2. August Morgens 9 Uhr von Lindenau aus zum Angriffe auf Leipzig zu schreiten.

Das bei Zwenkau befindliche Detachement der Division (West-Detachement) erhält Befehl, diesen Angriff durch ein Vorgehen östlich des Floßgrabens, resp. auf dem rechten Ufer der Pleiße, zu unterstützen. Die Sicherung des Terrains zwischen Floßgraben und Elster wird seitens der Division erfolgen.

Stärke des Detachements:
3 Bataillone Infanterie,
4 Eskadrons Ulanen,
1 Batterie.

Notiz:
1) Es ist bis zum 12. huj. Mittags 12 Uhr einzureichen:
   a. Formation und Aufstellung des West-Detachements in der Nacht vom 1. zum 2. August.
   b. Detachements-Befehl für den 2. August.
2) Dem West-Detachement sind zugetheilt:
   Hauptmann Y.
   Premier-Lieutenant Z.
   Sekonde-Lieutenants U., V. und W.

                         Unterschrift des Leitenden.

Es gehen demnächst von den beiderseitigen Führern, Hauptmann A. und Hauptmann X, die geforderten Angaben ein. Nehmen wir an, daß sie folgendermaßen lauten:

1. Vom Ost-Detachement.

Detachements-Befehl (mündlich den Stabs-Offizieren und Führern selbstständiger Abtheilungen mitgetheilt am 2. August 5³/₄ Uhr früh auf dem Rendezvous an der Chaussee nach Zwenkau unweit Vorwerk Brand):

    „Der Feind ist gestern von Markranstädt bis vor Leipzig vorgegangen und hat gleichzeitig Zwenkau besetzt. — Die

Ost-Division wird seinem etwaigen Angriffe bei Leipzig entgegentreten und ist dem Detachement die Sicherung ihrer linken Flanke bei Connewitz übertragen."

„Beide Eskadrons (Lieutenant D.) gehen um 6 Uhr früh auf der Chaussee gegen Zwenkau zur Aufklärung vor, unter gleichzeitiger Beobachtung des Terrains auf dem rechten Pleiße-Ufer."

„Die Avantgarde (Premier-Lieutenant B.) — 1. und 4. Kompagnie, 2 Geschütze — setzt sich ebenfalls um 6 Uhr auf der Straße nach Connewitz in Marsch."

„Das Gros (Premier-Lieutenant C.) — die 2. und 3. Kompagnie an der Tete, demnächst die Batterie, der sich das 2. Bataillon anschließt — folgt auf 600 Schritt."

„Ich werde mich zunächst bei der Avantgarde aufhalten. — Ein Unteroffizier, 6 Dragoner sind zu mir zu kommandiren."

A.

Notiz. Lieutenant E. übernimmt das Kommando der Artillerie.

2. Vom West-Detachement.

a. Aufstellung in der Nacht vom 1. zum 2. August.

Avantgarde: Füsilier-Bataillon,
3. und 4. Eskadron Ulanen
im Bivouak an der Chaussee auf Leipzig — ¼ Meile nordöstlich Zwenkau, wo der Weg von Gr.-Städteln die Chaussee berührt. Vorposten auf der Straße, sowie gegen Gr.-Städteln.

Gros: 1. und 2. Bataillon,
1. Batterie, } in Zwenkau.

1. und 2. Eskadron Ulanen im Bivouak westlich Zwenkau.

b. Detachements-Befehl für den 2. August.
West-Detachement.

Zwenkau, den 1. August, 10 Uhr Abends.

Die Division wird morgen, den 2. August früh, von Lindenau aus den Feind bei Leipzig angreifen. Das West-Detachement hat den Angriff durch ein Vorgehen östlich des Floßgrabens, resp. auf dem rechten Pleiße-Ufer zu unterstützen.

Truppen-Einthei-	Die Avantgarde bricht um 6 Uhr früh auf und verfolgt die Chaussee auf Leipzig; eine ihrer Eskadrons übernimmt die Deckung der rechten Flanke; dieselbe geht auf Gr.-Städteln und begleitet von dort den Vormarsch längs der Pleiße unter Beobachtung der Straße von Rötha auf Leipzig.
lung:	
Avantgarde:	
Premier-Lieut. Z.	
Füsilier-Bataillon.	
3. und 4. Eskadron.	
Gros: Hauptm. Y.	Das Gros folgt um 6 Uhr der Avantgarde auf der Chausse vom Sammelplatz am nörd- lichen Ausgange der Stadt in nebenstehender Ordnung.
1. Bataillon.	
1. Batterie.	
2. Bataillon.	
1. und 2. Eskadron.	Der Kommandirende befindet sich bei der Avantgarde.
	Die Bagage verbleibt westlich Zwenckau.
	X.
Notiz:	Lieut. U. übernimmt die Führung der Kavallerie, Lieut. B. die der Artillerie. Lieut. W. bleibt zur Verfügung.

Auf Grund dieser Arbeiten ersieht der Leitende, daß er sich vor Beginn des Spiels noch von den Unterführern einige Notizen geben lassen muß, und zwar sind dies:

Angaben über Formation, Gangart und Detachirungen der beiderseitigen Kavallerie (von den Lieutenants D. und U.) und

Angaben der speziellen Formation der beiden Avantgarden. (Prem.-Lieuts. B. und Z.)

Der Gehülfe des Leitenden macht sich zunächst auf je einem besonderen Blatte für jedes Detachement diejenigen Notizen, welche sich aus den Befehlen der beiden Führer ergeben.

Diese Notizen müssen enthalten:

Aufbruchs-Zeiten. — Formation und Marschordnung der ein- zelnen Abtheilungen, soweit dieselben durch die gegebenen Befehle bekannt sind. — Die Punkte, von denen die einzelnen Abtheilungen aufbrechen.

Die Namen der Offiziere, welche die einzelnen Abtheilungen führen.

Auf welche Weise dies zu geschehen hat, ist aus Anlage I. und II. zu ersehen, auf denen die betreffenden Notizen angegeben sind, wie solche nach und nach vermerkt werden.

Beginn der Uebung.

Orientirung sämmtlicher Theilnehmer. — Einholung der noch nöthigen Angaben durch den Leitenden.*)

Nach diesen bereits zu Hause stattgefundenen Vorbereitungen versammeln sich die Theilnehmer an dem betreffenden Nachmittag oder Abend; es ist erforderlich, daß hierzu eine Lokalität gewählt wird, in welcher man über zwei Zimmer verfügen kann, damit beide Parteien getrennt von einander und ungestört die erforderlichen Besprechungen abzuhalten vermögen. In einem dieser Zimmer hat der Gehülfe die betreffenden Sektionen des Kriegsspiel-Planes auf einem Tisch aufgelegt, in dem anderen verbleibt die Uebersichts-Karte.

Zunächst liest der Leitende sämmtlichen Theilnehmern gemeinschaftlich die General-Idee vor, dann begiebt sich die eine Partei in das anstoßende Zimmer und theilen die Detachements-Führer den ihnen überwiesenen Offizieren die Spezial-Idee, sowie die von ihnen entworfenen Befehle wörtlich mit. Hieran schließen sich, wo es erforderlich erscheint, noch mündliche Instruktionen für diejenigen an, welche die Unter-Abtheilungen zu kommandiren haben. Jeder Einzelne dieser Führer entnimmt dann aus den zum Spiel gehörenden Truppenzeichen so viel Steine, als er zur Darstellung der ihm überwiesenen Abtheilung vermuthlich gebraucht. So z. B. der Kommandeur der Avantgarde des West-Detachements, welcher ein Bataillon führt, die ein Bataillon markirenden beiden Truppenzeichen von je zwei Kompagnien. Da er aber im Laufe der Uebung voraussichtlich in die Lage kommen wird, Kompagnie-Kolonnen und Schützen zu entwickeln, auch vielleicht irgend einen kleinen Posten zu markiren, so ist es gut, wenn er sich bereits jetzt mit den zur Darstellung erforderlichen

---

*) Die betreffenden Ueberschriften sind hier zur leichteren Orientirung des Lesers gegeben.

Truppenzeichen versieht, also vier Kompagnie-Kolonnen-Steine, etwa acht bis zehn Schützenzug-Steine und ein paar Zeichen, welche kleinere Abtheilungen vorstellen. Dies Verfahren ist einer späteren Auswechslung vorzuziehen, welche leicht zu einem unnützen Aufenthalt im Spiel führt. Da die Truppenzeichen beider Parteien besondere Farben haben — in der Regel die einen blau, die anderen roth — so bestimmt der Leitende, welches Detachement sich der rothen resp. der blauen zu bedienen hat. Sämmtliche zu einer Unter-Abtheilung gehörenden Truppenzeichen trägt der Führer dieser Abtheilung in einem kleinen Schächtelchen bei sich, da sonst sich die Farben auf den Steinen schnell abnutzen.*)

Beiden Parteien muß hierauf noch eine kurze Zeit gewährt werden, damit die Offiziere, welchen bis dahin die General- und Spezial-Idee, die Disposition der Detachements-Führer, sowie die Rolle, welche sie selbst übernehmen, noch fremd waren, sich gründlich zu orientiren und sich selbst ihre Aufträge zu überlegen vermögen. Sind nicht hinreichende Uebersichtskarten zur Hand, so muß gestattet werden, daß eine jede Partei sich an den Kriegsspiel-Plänen selbst orientirt.**)

Hierauf beschäftigt sich der Leitende damit, von beiden Abtheilungen die noch erforderlichen Notizen zu erlangen.

Beim Ost-Detachement beziehen sich dieselben zunächst auf die Kavallerie.

Der Führer der Letzteren, Lieutenant D., erklärt auf Befragen:

Der Marsch erfolgt auf der Chaussee auf Connewitz; die 1. Eskadron übernimmt die Avantgarde, ein Zug derselben geht als Vortrupp auf 500 Schritt voraus; ein zweiter Zug ist zur Aufklärung über Connewitz bestimmt; derselbe trennt sich beim steinernen Kreuz von der Eskadron. Den beiden alsdann noch übrig bleibenden Zügen der 1. Eskadron folgt die 2. Eskadron auf 400 Schritt als Gros. Ich befinde mich bei der Avantgarde. — Der Marsch wird möglichst

---

*) Im vorliegenden Falle hat der Kommandeur der Avantgarde des West-Detachements die ihm zugetheilten beiden Eskadrons nicht aus den Steinen zu entnehmen, da ein besonderer Führer für die Kavallerie ernannt ist, welcher zwar unter seinen Befehl gestellt, doch die Handhabung der Eskadrons auf dem Plan selbst ausführen muß. In ähnlicher Weise wird überall dort verfahren, wo der Kommandeur einer Unter-Abtheilung noch andere Führer unter seinem Befehl hat.

**) Der alte Kriegsspiel-Plan von Leipzig ist nicht richtig orientirt. Der Einfachheit wegen ist seine Orientirung jedoch hier beibehalten worden.

beschleunigt, unter Rücksicht darauf, daß die Pferde nicht zu sehr angestrengt werden.

Der Leitende: Wenn Sie Connewitz ungestört erreichen, beabsichtigen Sie darüber hinaus mit beiden Eskadrons vorzugehen?

Lieutenant D.: Ich gehe in der Richtung auf Zwenckau so weit vor, bis ich auf den Feind stoße.

Der Leitende: Welche Instruktion ertheilten Sie dem abzuzweigenden Zuge der 1. Eskadron?

Lieutenant D.: Derselbe soll bis Dölitz vorgehen und von dort Patrouillen auf der südlich weiter führenden Straße, sowie auf das linke Ufer der Pleiße gegen Zwenckau vorschicken.

Hierauf wendet sich der Leitende zum Führer der Avantgarde Premier-Lieutenant B. und ersucht ihn, seine Marschordnung anzugeben.

Premier-Lieutenant B.: Die Avantgarde schickt einen Zug auf 300 Schritt voraus und folgt mit dem Rest (1⅔ Kompagnien) geschlossen, beide Geschütze an der Queue. —

In Rücksicht auf das Gros sind vorläufig keine Fragen erforderlich, da das darauf Bezügliche: Abstand von der Avantgarde (600 Schritt) und Marschordnung, bereits aus der Disposition des Hauptmanns A. hervorgeht.

Der Leitende begiebt sich demnächst zum West-Detachement, dessen Kavalleriefuhrer (Lieutenant U.) aufgefordert wird, sich über Marschrichtung, Formation und Gangart auszusprechen.

Lieutenant U.: Die 3. Eskadron Ulanen geht auf der Chaussee nach Connewitz, die 4. über Gr.-Städteln vor; jede derselben hat einen Zug als Avantgarde auf 600 Schritt voraus und Verbindungs-Patrouillen zur Seite abgeschickt. Von Gr.-Städteln aus entsendet die 4. Eskadron ferner einen Zug auf das rechte Pleiße-Ufer zur Aufklärung gegen Leipzig. Gangart beider Eskadrons: Schritt und Trab zu gleichen Zeiträumen.

Der Leitende verlangt schließlich noch die Marschordnung des die Avantgarde bildenden Bataillons zu wissen.

Premier-Lieutenant Z.: Eine Kompagnie als Vorhut. Auf 300 Schritt folgen die anderen Kompagnien. Marsch auf der Chaussee in Marsch-Sektionen.

Auch bei diesem Detachement sind die sonst noch nöthigen Notizen dem Leitenden bereits durch den Detachements-Befehl bekannt.

Ermittelung der Stelle, an welcher sich die vordersten Abtheilungen der beiderseitigen Gegner zuerst erblicken.

Der Leitende begiebt sich hierauf an die aufgelegten Pläne, um zu überlegen, wie weit er beide Abtheilungen ihren Vormarsch ungestört ausführen lassen kann. Es ist dazu erforderlich, daß diejenige Partei, welche in dem betreffenden Zimmer sich befindet, von den Plänen derartig zurücktritt resp. sich abwendet, daß sie keinen Einblick in die vorzunehmenden Messungen erhält.

Da die beiderseitige Kavallerie zu derselben Stunde — 6 Uhr früh — anreitet und im Allgemeinen ziemlich gleiche Tempos innehalten wird, so muß das erste Zusammentreffen ungefähr auf dem halben Wege zwischen den Abmarschpunkten, etwa bei Gautzsch, stattfinden. Die Entfernung von diesen Punkten bis zu genanntem Dorfe beträgt aber nach dem Maßstabe etwas über 7000 Schritt, und ist mithin, wenn man bedenkt, daß die Kavallerie dabei rechts und links aufklären muß, in circa $^1/_2$ Stunde zurückzulegen.

Der Leitende kann sich daher zunächst vergegenwärtigen, wo sich die vordersten Abtheilungen der Dragoner wie der Ulanen um 6 Uhr 30 Minuten befinden würden. Stellt sich hierbei heraus, daß sie alsdann zu nahe gerathen, indem sie sich in Wirklichkeit früher erblickt hätten, so ist es ein Leichtes, ein paar Minuten von den ermittelten Punkten aus zurückzurechnen und z. B. festzustellen, wo sie um 6 Uhr 27 Minuten sein würden.

Bei dem Vorgehen der Kavallerie kann im Allgemeinen festgehalten werden, daß das Zurücklegen größerer Strecken durch geschlossene Abtheilungen auf guten Wegen annähernd richtig berechnet wird, wenn diese die eine Hälfte der Zeit traben, die andere Hälfte Schritt reiten. Für den Trab unter günstigen Verhältnissen kann die vorschriftsmäßige Distanz von 300 Schritt, für den Schritt die von 130 Schritt in der Minute als Anhalt dienen. Je nach der Länge des Marsches, den Kräften der Pferde oder dem Einflusse des Terrains ꝛc. können diese Ziffern verändert, auch die erforderlichen Ruhepausen eingeschoben werden.

Demgemäß würden die Eskadrons beiderseitig in der ersten halben Stunde 15 Minuten Trab und 15 Minuten Schritt reitend ($15 \times 300 = 4500 + 15 \times 130 = 1950$), etwa 6500 Schritt vorwärts Terrain gewinnen. Dies ergiebt auf dem Plane abgemessen, daß um 6 Uhr 30 Minuten:

1) beim Ost-Detachement
die vorderste Abtheilung (Avantgardenzug der 1. Dragoner-Eskadron) aus der Niederung auf die Höhen von Gautzsch hinaufreitet und sich ungefähr südlich des Hohlweges befindet;

2) beim West-Detachement
der Avantgardenzug auf der Straße von Zwenckau her sich Gautzsch bis auf etwa 300 Schritt genähert hat.*)

Die Eklaireurs dieser Abtheilung werden eben den östlichen Ausgang des Dorfes, sowie die südlich desselben gelegene Kuppe erreicht haben, wenn die Dragoner sich beiden Punkten nähern.

Bei der weiten Entfernung der Kuppe von der Niederung und dem Waldterrain der Letzteren, sowie dem Umstande, daß die vordersten Dragoner eben erst das Höhenterrain betreten, würden sich in Wirklichkeit die beiderseitigen Gegner in dieser Minute zuerst erblicken.

Der Leitende entnimmt hieraus, daß er die Bewegungen bis zu diesem Moment (6 Uhr 30 Minuten) mit beiden Parteien nunmehr ohne weitere Unterbrechung durchzusprechen vermag.

Die von ihm festgestellten Zeiten und Punkte im Terrain werden von dem Gehülfen notirt (f. Anlage I. und II.), was auch in der Folge in allen ähnlichen Fällen geschieht, worauf daher im Text nicht weiter Bezug genommen wird.

---

*) In Folge der Reduzirung des Kriegsspiel-Planes werden einzelne Abmessungen auf der beigegebenen Skizze nicht ganz genau stimmen. Da jedoch für den vorliegenden Zweck dies nicht von wesentlichem Einfluß ist, wird ersucht, hierüber gefälligst fortzusehen, da eine durchgehende Korrektur bei den verschiedenen Druckorten des Textes und des Planes nicht zu ermöglichen war.

Beginn des Spiels auf den Plänen.

1. Vormarsch beider Detachements und Aufklärung durch die vorgeschobenen Eskadrons.

Darlegung der Verhältnisse um 6 Uhr 30 Minuten.

a. Beim West-Detachement.

Der Leitende beginnt mit dem Detachement, welches sich augenblicklich mit ihm in einem Zimmer befindet. Nehmen wir an, daß dies das West-Detachement ist.*)

Er erklärte die Lage folgendermaßen:

Die 3. Eskadron ist mit ihrem Avantgardenzug um 6 Uhr früh vom Bivouaksplatz der Avantgarde ¼ Meile nordöstlich Zwenckau aufgebrochen, das Gros der Eskadron folgt auf 600 Schritt, abwechselnd Schritt und Trab reitend, ohne in der ersten halben Stunde etwas vom Feinde zu bemerken.

In dieser Zeit würde die Eskadron sich etwa 6500 Schritt vorbewegt haben ($15 \times 300 + 15 \times 130$); messen wir dies aus,**) so ergiebt sich, daß der Avantgardenzug um 6 Uhr 30 Minuten noch etwa 300 Schritt von Gautzsch entfernt ist, seine Eklaireurs sich am östlichen Ausgange des Dorfes, sowie auf der südlich desselben gelegenen Kuppe befinden. Ich ersuche den Führer der Kavallerie,

---

*) Die Anwesenheit sämmtlicher Offiziere bei dieser Besprechung hat bei richtiger Leitung des Spiels kein Bedenken. Der Leitende muß nur streng darauf achten, daß kein Anderer als der Befragte an den Auseinandersetzungen Theil nimmt resp. in Folge derselben oder dessen, was er zu sehen bekommt, etwas veranlaßt, bevor nicht die Meldungen und Befehle ihn auch in Wirklichkeit erreichen, oder er selbst sich zur Stelle befindet.

**) Hier, wie bei allen folgenden Gelegenheiten, in denen der Leitende angiebt, welche Entfernungen eine Abtheilung zurücklegt, muß er dies dem betreffenden Führer mit dem Zirkel vormessen.

Lieutenant U., diesen Zug und die Eklaireurs auf dem Plane durch Aufsetzen der bezüglichen Truppenzeichen an den eben genannten Punkten zu markiren.

(Lieutenant U. führt dies aus.)

Das Gros der Eskadron befindet sich 600 Schritt rückwärts des Avantgardenzuges, braucht aber, da Terrain und Entfernung es der Einsicht entziehen, noch nicht aufgestellt zu werden.

In dieser Lage sehen sich Ihre vordersten Reiter feindlichen Dragoner-Patrouillen dicht gegenüber, welche soeben aus der Niederung herauf gegen Gautzsch und die Kuppe vorsprengen, ein geschlossener Dragonerzug folgt ihnen und erreicht soeben das Terrain südlich des Hohlweges, welcher sich östlich Gautzsch an der Leipziger Straße befindet.

Ich will zunächst feststellen, wo sich um diese Zeit die übrigen Abtheilungen des West-Detachements befinden.

Die 4. Eskadron des Ulanen-Regiments ist gleichfalls um 6 Uhr vom Bivouaksplatz der Avantgarde abmarschirt und hat den Weg auf Gr.-Städteln eingeschlagen. Da sie in die Lage kommen kann, selbstständige Entschlüsse zu fassen, ersuche ich den noch mit keinem Kommando betrauten Lieutenant W., vorläufig ihre Führung zu übernehmen. Die Eskadron würde um 6 Uhr 30 Minuten mit ihrem Avantgardenzug sich etwa 500 Schritt nördlich Gr.-Städteln befinden, da wo der Weg nach Gautzsch abgeht, das Gros 600 Schritt rückwärts; der Zug, welcher die Pleiße überschreiten soll, ist noch mit Aufsuchen eines Ueberganges beschäftigt.

Die Vorhut des Avantgarden-Bataillons hat seit 6 Uhr 3000 Schritt vom Bivouaksplatz der Avantgarde aus zurückgelegt, befindet sich mithin um diese Zeit (6 Uhr 30 Minuten) am nördlichen Ausgange von Pröbel. Die übrigen drei Kompagnien des Bataillons folgen 300 Schritt dahinter.

Das Gros des West-Detachements ist um 6 Uhr vom nördlichen Ausgange von Zwenckau, ¼ Meile rückwärts der Avantgarde aufgebrochen, hat daher um 6 Uhr 30 Minuten den Bivouaksplatz derselben um 500 Schritt überschritten.

Ich ersuche nunmehr Lieutenant U. sich zu überlegen, was er demnächst thun will und mir dies nachher mitzutheilen. Die übrigen Führer können noch keine Anordnungen treffen, da dasjenige, was hier vom Feinde aufgestellt ist oder demnächst noch aufgestellt wird, in Wirklichkeit noch nicht zu ihrer Kenntniß gelangt sein kann.

b. Beim Ost-Detachement.

Nachdem hierauf die Offiziere des West-Detachements das Zimmer verlassen haben, treten die des Ost-Detachements an die Pläne heran.

In ähnlicher Weise wie bei Ersteren entwickelt nun auch hier der Leitende, wie sich bis 6 Uhr 30 Minuten die einzelnen Abtheilungen vorbewegt haben und wo sie sich zu dieser Zeit befinden. Es ergiebt sich hieraus Folgendes:

Der Avantgardenzug der 1. Dragoner-Eskadron ist um 6 Uhr 30 Minuten aus der Pleiße-Niederung auf den Hang des Höhenterrains östlich Gautzsch hinaufgetrabt (etwa 300 Schritt weit) und befindet sich südlich des Hohlweges, Eklaireurs einige Hundert Schritt gegen das Dorf und die südlich desselben befindliche Kuppe vorgeschoben.

Der Leitende macht den Führer der Kavallerie, Lieutenant D., aufmerksam auf die Truppenzeichen, welche das West-Detachement in dieser Gegend aufgestellt hat, bemerkt, daß dieselben Ulanen bezeichnen, welcher aus südwestlicher Richtung soeben entgegenkommen und ersucht ihn, auch seinerseits den Avantgardenzug und die Eklaireurs zu markiren.*)

Das Gros seiner Avantgarde — zwei Züge der 1. Eskadron — befindet sich, seinem Befehle gemäß, 500 Schritt weiter rückwärts, im Walde, auf der Chaussee und weitere 400 Schritt hinter diesem die 2. Eskadron als Gros der Kavallerie.

Der von der Avantgarde des Detachements als Vorhut vorgeschobene Infanteriezug ist vom Rendezvous 30 Minuten lang im Marsch, hat also 3000 Schritt zurückgelegt und erreichte soeben die ersten Häuser von Connewitz.

Das Gros des Detachements ist um diese Zeit noch etwa 500 Schritt vom steinernen Kreuz entfernt.**)

---

*) Bei den Truppenzeichen bedeuten die weißen Flächen stets die Frontseite, die Steine müssen daher so gestellt werden, daß die weiße Seite dem Gegner zugekehrt ist.

**) Der Punkt, an welchem das Gros des Detachements angelangt ist, läßt sich von Connewitz aus am leichtesten bestimmen. Vom Infanteriezug der Avantgarde bis zum Gros derselben beträgt die Entfernung 300 Schritt; die Länge des Letzteren etwas über 300 Schritt, die Entfernung des Gros von der Queue der Avantgarde 600 Schritt. die Total-Entfernung von Connewitz mithin um 6 Uhr 30 Minuten 1200 Schritt.

Der detachirte Zug der 1. Eskadron hat Dölitz inzwischen erreicht und seine Patrouillen darüber hinausgeschoben.

Dies ist die beiderseitige Lage um 6 Uhr 30 Minuten; es handelt sich nun darum, was die einzelnen in Betracht kommenden Führer zunächst beabsichtigen.

Weitere Absichten auf beiden Seiten auf Grund der Lage um 6 Uhr 30 Minuten.

a. Beim Ost-Detachement.

Der Leitende fordert in Rücksicht auf obige Fragen die Führer des augenblicklich an den Plänen anwesenden Ost-Detachements auf, sich zu äußern.

Hauptmann A., Kommandeur des Detachements, ordnet an: Die Avantgarde besetzt die beiden Chausseebrücken und schiebt eine Abtheilung zur Aufnahme der Kavallerie noch etwa 600 Schritt weiter vor, wo die große Straße das freie Terrain betritt. Die Brücken werden zur Zerstörung vorbereitet, die zunächst gelegenen Gehöfte in Vertheidigungszustand gesetzt.

Das Gros nimmt gedeckte Aufstellung am nördlichen Eingang von Connewitz, östlich der Chaussee; die beiden Geschütze der Avantgarde treten daselbst zu ihrer Batterie zurück.

Premier-Lieutenant B. (Führer der Avantgarde) fragt zunächst nach der Beschaffenheit der Brücken, welche der Leitende ihm als breite hölzerne Chaussee-Brücken bezeichnet.

Premier-Lieutenant B. Die 1. Kompagnie rückt bis an die westliche Brücke und schiebt einen Zug zur Aufnahme der Kavallerie etwa 600 Schritt weiter vor. Die 4. Kompagnie rückt bis an den Uebergang von Connewitz und richtet sich in den längs des Flusses liegenden Häusern zur Vertheidigung ein. Das Abbrennen der Brücken wird durch Herbeischaffen von Stroh ꝛc. vorbereitet.

Lieutenant D. (Führer der Kavallerie). Ich schicke dem Avantgardenzug Befehl, zu halten und den Gegner aufmerksam zu beobachten; mit dem Rest der Eskadron suche ich schleunigst aus dem Wald-Defilee herauszukommen und mich am diesseitigen Hange der Höhen südlich der Chaussee in Eskadrons-Kolonnen zu formiren.

Meldung, daß ich auf den Feind gestoßen bin, sowie über seine Stärke, geht an den Führer des Ost=Detachements zurück.*)

Der Leitende: Wir wollen zunächst feststellen, wie viel Zeit Sie zum Aufmarsch gebrauchen. Die beiden Züge der 1. Eskadron waren von ihrem Avantgardenzug 500 Schritt entfernt; Letzterer hatte um 6 Uhr 30 Minuten auf dem Hange bereits 300 Schritt Terrain gewonnen, so daß sich das Gros der Eskadron mithin noch 200 Schritt vom Hange östlich entfernt im Walde auf der Chaussee befindet. Die Länge beider Züge desselben beträgt 100 Schritt, die Entfernung bis zur 2. Eskadron 400 Schritt und die Länge der Letzteren 200 Schritt — giebt im Ganzen bis zum Fuße der Höhen 900 Schritt, oder wenn man annimmt, daß der Terrainbeschaffenheit wegen der Aufmarsch noch etwa 100 Schritt weiter vorwärts erfolgt, in Summa 1000 Schritt, welche die letzten Mannschaften der Kolonne zu durch= reiten haben.

Lieutenant D.: Der Aufmarsch aus dem Defilee hat im Galopp zu erfolgen.

Der Leitende: Alsdann würde er in zwei Minuten vollendet sein.

Lieutenant D.: Für meine Person reite ich vor, um mich über den Feind und das Terrain zu orientiren.

Der Leitende: Ich nehme an, daß Sie dazu weitere zwei Minuten bedürfen. Was Sie dabei über den Feind erfahren, werde ich Ihnen gleich nachher sagen. Merken Sie sich nur, daß Sie um 6 Uhr 34 Minuten nach Beendigung Ihrer Rekognoszirung mit beiden Eskadrons 200 Schritt hinter dem Avantgardenzuge auf dem Hange südlich des Hohlweges stehen.

b. Beim West=Detachement.

Hierauf geht der Leitende in das Zimmer, in welchem das West= Detachement sich befindet und fragt den bei der 3. Ulanen=Eskadron anwesenden Führer der Kavallerie, was er sich inzwischen in Bezug auf sein weiteres Verhalten überlegt habe.

Lieutenant U.: Der Avantgardenzug soll weiter aufklären, ohne sich jedoch in ein Gefecht einzulassen; das Gros der Eskadron biegt rechts von der Chaussee ab, marschirt in Eskadrons=Kolonne

---

*) Eine Bestimmung über die Zeit, wann diese Meldung eintrifft, ist nicht erforderlich, sobald Hauptmann A., der dies mit angehört hat, erklärt, daß er auf Grund derselben keine Anordnungen trifft.

auf und dirigirt sich auf die südlich von Gautzsch befindliche Kuppe, welche vorläufig nicht überschritten wird.

Der Leitende: Ihr Avantgardenzug war um 6 Uhr 30 Minuten noch etwa 300 Schritt von Gautzsch entfernt, das Gros der Eskadron befindet sich 600 Schritt weiter rückwärts, die Entfernung derselben bis zur Kuppe beträgt daher etwa 1200 Schritt, würde mithin im Trabe in vier Minuten zurückgelegt werden. Ich bitte also, sich zu merken, daß um 6 Uhr 34 Minuten die Eskadron ungefähr hinter der Kuppe eintreffen kann.

Lieutenant U.: Ich bemerke noch, daß der Avantgardenzug hart an der Dorflisiere entlang reitet, eine Patrouille auf der Chaussee im Dorfe, und daß das Gros der Eskadron den Hohlweg südlich Gautzsch so umgeht, daß dieser in ihrer linken Flanke bleibt.

Der Leitende: Die 4. Ulanen-Eskadron wird inzwischen gemäß des ihr ertheilten Auftrages von Gr.-Städteln weiter in der Richtung auf Oetzsch vortraben.

Fortführung des Spiels von 6 Uhr 30 Minuten bis 6 Uhr 34 Minuten.

Nachdem der Leitende nunmehr darüber klar geworden ist, was die Kavallerieführer in den nächsten vier Minuten, also bis 6 Uhr 34 Minuten, zu thun beabsichtigen und wo sich ihre Abtheilungen nach Ablauf dieser vier Minuten befinden werden, versammelt er beide Parteien um die Pläne.

Eine weitere Berechnung, wo sich sämmtliche übrigen Abtheilungen um 6 Uhr 34 Minuten befinden, ist augenblicklich nicht erforderlich, da sie ihre Absichten angegeben haben und sie in der Ausführung derselben in der nächsten Zeit nicht zur Wirksamkeit gelangen können. Auf dem Notizblatt des Gehülfen sind die Punkte angegeben, wo sie sich um 6 Uhr 30 Minuten befinden, und dies genügt als Ausgangspunkte für später nothwendig werdende Berechnungen.

Der Leitende: Der unweit der Chaussee am Hohlweg östlich Gautzsch befindliche Dragonerzug des Ost-Detachements nimmt zunächst eine beobachtende Haltung an; der jenseits von ihm entdeckte Ulanenzug kommt ihm außerhalb des Dorfes zwar entgegen, bleibt aber dann in der Verlängerung der östlichen Lisiere des Dorfes ebenfalls halten. Gleich darauf melden die Dragoner-Patrouillen, daß hinter der südlich Gautzsch liegenden Höhe eine stärkere Staubwolke aufsteige, daß man aber nicht erkennen könne, was sich dort bewege, wohl aber verstärken sich die ihnen gegenüber befindlichen Flankeurs. Es ist dies um 6 Uhr 34 Minuten.

Gleichzeitig melden die am weitesten vorgeschobenen Ulanen-Patrouillen, daß soeben circa zwei Eskadrons feindlicher Dragoner aus der Niederung von der Chaussee her vorkämen und ebenfalls südlich des Hohlweges hinter dem dort bereits befindlichen Zuge aufmarschirten. Lieutenant D. hat die beiden Eskadrons durch die bezüglichen Truppen-Steine auf dem Plane zu markiren. (Dies geschieht.)

Ich ersuche nun die beiden Kavallerieführer einzeln und abgesondert von den Uebrigen mir ihre weiteren Absichten mitzutheilen. Zunächst wünsche ich vom Ost-Detachement unterrichtet zu sein.

Absichten der Führer auf Grund der Lage um 6 Uhr 34 Minuten.

Lieutenant D. (Führer der Kavallerie des Ost-Detachements) will zur Erfüllung seines Auftrages rücksichtslos so lange vorgehen, bis er auf überlegene Kavallerie stößt.

Ueber Formation und Richtung befragt, erklärte er: Die erste Eskadron läßt ihren Avantgardenzug südlich der Chaussee entlang traben, mit dem Gros (zwei Züge) umgeht sie die Höhe von Gautzsch östlich; die zweite Eskadron folgt rechts überflügelnd auf 150 Schritt Treffen-Abstand.

Lieutenant U. (West-Detachement) will mit dem Gros der 3. Ulanen-Eskadron gedeckt hinter der Höhe halten bleiben, der nördlich Gr.-Städteln befindlichen 4. Eskadron Befehl schicken, sich ihm zu nähern. Sollte der Feind mit Ueberlegenheit vorgehen, so wird der Rückzug angetreten und so weit als nothwendig — ungefähr in paralleler Richtung mit der Chaussee — fortgesetzt. Meldung von der Anwesenheit der beiden feindlichen Eskadrons wird an das Kommando des West-Detachements zurückgeschickt.

Der Leitende wendet sich hierauf an den Führer des West-Detachements, Hauptmann X., und fragt ihn, ob er auf Grund dieser Meldung etwas zu thun gedenke.

Hauptmann X.: Ich schicke Befehl an die noch beim Gros befindliche 1. und 2. Ulanen-Eskadron zurück, sofort zur Unterstützung der beiden anderen Eskadrons vorzutraben.

Der Leitende: Wir wollen späterhin ausmessen, wann die Meldung bei Ihnen eingeht und wann Ihr Befehl die noch weit zurückbefindlichen Eskadrons erreicht. Was wird die 4. Eskadron thun, wenn sie den Befehl vom Führer der Kavallerie erhält?

Lieutenant W.: Ich biege sofort links ab und suche querfeld den Weg, der von Gautzsch herabkommt, dort, wo er die nächste Kuppe überschreitet, zu erreichen; eine Patrouille geht voraus; der Avantgardenzug macht ebenfalls links um und deckt meine rechte Flanke.

Auf diese Weise informirt, ersucht der Leitende das Ost-Detachement, um seine nothwendigen Messungen ungestört ausführen zu können, sich vorläufig etwas von den Plänen zu entfernen.

Feststellung der Zeit durch den Leitenden, wann die verschiedenen Meldungen und Befehle ihre Bestimmung erreichen.

Das Gros der 4. Eskadron war um 6 Uhr 30 Minuten noch 600 Schritt von der Stelle entfernt, an der sich zu dieser Zeit ihr Avantgardenzug befand, d. h. 600 Schritt südöstlich des Punktes, wo sich der Weg auf Gautzsch von dem Wege Gr.-Städteln—Oetzsch abzweigt. Um 6 Uhr 34 Minuten ist dieses Gros ungefähr dort angelangt, wo der von Zöbigker kommende Fußweg in letztgenannten Weg mündet; nach vier weiteren Minuten (6 Uhr 38 Minuten), von denen die ersten zwei Minuten noch im Trabe, die beiden letzten im Schritt gerechnet, hat sie wiederum 860 Schritt nach Oetzsch zu zurückgelegt (befindet sich also an der auf dem Plane mit 1. bezeichneten Stelle). Bis zu derselben hat der Ueberbringer des Befehls von der Höhe bei Gautzsch etwa 1600 Schritt zurückzulegen, würde also etwa ebenfalls 3—4 Minuten gebrauchen, so daß der Befehl um 6 Uhr 38 Minuten ausgerichtet ist. Von hier aus hat das Gros der Eskadron noch zwei Minuten zu traben, bis es die vom Lieutenant W. bezeichnete Kuppe erreicht, woselbst sie daher 6 Uhr 40 Minuten anlangen wird.

Der Leitende macht sich ferner klar, wann die Meldung der Ulanen, daß sie auf den Feind gestoßen sind, beim Kommandirenden des West-Detachements eingeht und wann dessen Befehl zum Vorgehen die noch beim Gros befindlichen Ulanen-Eskadrons erreicht.

Um 6 Uhr 30 Minuten war die Vorhut des Avantgarden-Bataillons am nördlichen Ausgang von Pröbel. Sobald die Avantgarde das Dorf passirt hat, nehmen wir an, daß nach mehr als halbstündigem Marsch ein kleiner Halt von etwa vier Minuten gemacht worden ist. Nach 12 Minuten, inkl. des Haltes, wird die Vorhut sich daher etwa 800 Schritt nordöstlich Pröbel im Marsch befinden. (6 Uhr 42 Minuten.)

Die von der Höhe bei Gautzsch um 6 Uhr 34 Minuten abgehende Meldung hat bis zu diesem Punkt etwas über 3000 Schritt zurückzulegen, wird (à 400 Schritt) ebenfalls um diese Zeit, 6 Uhr 42 Minuten, den Führer des West-Detachements erreichen.

Letzterer schickt nun von hier den Befehl zum Vorgehen an die beiden beim Gros befindlichen Eskadrons des Gros ab. Das Gros befindet sich, nach einem gleichen Aufenthalt von vier Minuten, mit seiner Tete 2500 Schritt von der Vorhut entfernt, die Länge der Infanterie und Artillerie desselben beträgt 1200 Schritt, so daß in diesem Augenblick die an der Queue des Gros marschirenden Eskadrons 3700 Schritt von der Vorhut entfernt sind.

Ein Adjutant auf gutem Pferde würde (500 Schritt in der Minute gerechnet) diese Entfernung in etwas über sieben Minuten zurücklegen. Da aber inzwischen das Gros ebenfalls sieben Minuten weiter vorgeschritten ist, so würde zu Ende der 6. Minute oder Anfangs der 7. der Befehl überbracht sein. Man kann also festhalten, daß die Ulanen etwa um 6 Uhr 49 Minuten anfangen vorzutraben.

Nachdem sich nunmehr der Leitende diese Momente vergegenwärtigt hat, kann er das Spiel von 6 Uhr 34 Minuten an auf einige Zeit fortführen.

Beide Parteien werden nunmehr wiederum um den Plan versammelt.

Fortführung des Spiels von 6 Uhr 34 Minuten bis 6 Uhr 49 Minuten.
(Zusammenstoß der beiderseits zur Aufklärung vorgegangenen Kavallerie.)

Der Leitende: Wir fangen jetzt bei 6 Uhr 34 Minuten an; beide Abtheilungen haben mir mitgetheilt, was sie zu thun beabsichtigen. Demgemäß sieht die Kavallerie des West-Detachements die beiden auf dem Plane aufgestellten Eskadrons des Gegners, in zwei Treffen formirt, sich vorbewegen und zieht sich, auf etwa 900 Schritt von ihnen abbleibend, parallel mit der Chaussee, zurück; ihre Stärke hinter der Kuppe südlich Gautzsch wird dadurch dem Feinde sichtbar, der nur eine Eskadron erblickt. Wir können nach den gegebenen

Dispositionen sechs Minuten weiter vorgehen. In dieser Zeit hat die Kavallerie des Ost-Detachements (eine Minute auf Umwege wegen des Terrains abgerechnet) etwa 1500 Schritt vorwärts ihres augenblicklichen Standpunktes zurückgelegt. Lieutenant D. bitte ich, diese Bewegung auszuführen, Lieutenant U. seine Eskadron auf etwa 900 Schritt Entfernung vom Gegner demnächst aufzustellen. (Westlich der beiden kleinen Teiche.)

Der Leitende mißt die 1500 Schritt ab (es kann dies auch vom Lieutenant D. erfolgen) und schiebt Letzterer seine Abtheilungen in der Formation, welche er vorhin angegeben hat, bis an den betreffenden Punkt heran. Lieutenant U. stellt, 900 Schritt davon abgemessen, seine Eskadron auf; beide Offiziere bezeichnen durch das Schieben ihrer Abtheilungen gleichzeitig den Weg, den sie hierbei genommen haben. (6 Uhr 40 Minuten.)

Der Leitende ersucht nunmehr den Lieutenant W. (4. Eskadron Ulanen des West-Detachements), seine Eskadron dort, wo sie ihm um 6 Uhr 40 Minuten bezeichnet worden ist, aufzustellen (der Avantgardenzug in ihrer rechten Flanke ist noch etwas zurück), da seine Eskadron nunmehr vom Gegner gesehen wird.

Zur besseren Uebersicht ist diese Situation auf der Terrain-Skizze angegeben. (6 Uhr 40 Minuten.)

Hierauf befragt der Leitende die drei betheiligten Offiziere abgesondert über ihre weiteren Absichten.

Lieutenant D. (Ost-Detachement) entwickelte sie dahin: Ich gehe weiter gegen die feindliche Schwadron vor, der ich bisher gefolgt bin; der an der Chaussee befindliche Zug erhält Weisung, sich näher heranzuziehen, die als zweites Treffen folgende zweite Eskadron, welche bis jetzt rechts debordirt, soll sich hinter den linken Flügel des ersten Treffens setzen und diesen überflügeln.

Lieutenant U. (3. Eskadron des West-Detachements): Ich bleibe vorläufig halten, um das Herankommen der 4. Eskadron zu begünstigen. Ist die 4. Eskadron so weit herangekommen, daß sie bei der Attacke zu unterstützen vermag, so greife ich an.

Lieutenant W. (4. Eskadron des West-Detachements): Ich will zum Angriff gegen die Flanke des Feindes anreiten, vorher jedoch mich noch etwas der 3. Eskadron zu nähern suchen.

Der Leitende ersucht nun einen jeden dieser Offiziere einen Zirkel zur Hand zu nehmen und diejenigen Bewegungen womöglich gleichzeitig auszuführen, welche sie in der nächsten Minute, also bis 6 Uhr 41 Minuten, auszuführen beabsichtigten. Da Lieutenant U. erklärt hat stehen zu bleiben, betrifft Letzteres nur die Lieutenants D. und W.

Lieutenant D. (Ost-Detachement) zieht das Gros (zwei Züge) der 1. Eskadron Dragoner im Trabe 300 Schritt vor, indem er mit dem Zirkel 300 Schritt abmißt, die eine Spitze an die vorderste Fläche des aufgesetzten Steines ansetzt und dann diesen Stein bis an die andere vorgesetzte Zirkelspitze heranzieht. Hierauf nimmt er die volle Galopp-Entfernung für eine Minute Zeit = 500 Schritt in den Zirkel und nähert mit dieser den an der Chaussee befindlichen Zug den übrigen beiden Zügen der ersten Eskadron, die zweite Eskadron führt er alsdann unter Bewahrung des Treffenverhältnisses derartig halb links vor, daß sie nunmehr die erste links überflügelt.

Lieutenant W. zieht die 4. Eskadron Ulanen (West-Detachement) im Trabe, also 300 Schritt in Richtung auf die 3. Ulanen-Eskadron, weiter westlich.

Der Leitende erklärt, daß nunmehr eine weitere Minute durchgeführt werden könnte, also bis 6 Uhr 42 Minuten.

Lieutenant W. spricht die Absicht aus, einzuschwenken und zu attackiren; der weiter rechts von ihm befindliche (frühere Avantgarden-) Zug soll womöglich dem Gegner in die linke Flanke fallen.

In Folge dessen wird dem Lieutenant D. vom Leitenden eröffnet: Sie sehen, daß die am weitesten östlich befindliche Eskadron gegen Sie einschwenkt und anreitet. (Der Lieutenant U. [3. Ulanen-Eskadron] erhält von diesem Vorgehen ebenfalls Kenntniß.)

Lieutenant U. giebt an, daß, sobald er dies sieht, er zum Angriff gegen die ihm zunächst befindliche Eskadron des Gegners vorgeht.

Lieutenant D. (Ost-Detachement): Ich gehe dem Angriff entgegen, und zwar mit den zwei Zügen der 1. Eskadron in Linie entwickelt gegen den vor mir befindlichen Feind, der weiter rechts befindliche Zug sucht sich in dessen linke Flanke zu werfen. Die 2. Eskadron entwickelt sich mit drei Zügen in der Front und geht der zuletzt sichtbar gewordenen feindlichen Eskadron entgegen, der vierte Zug folgt in Reserve auf 150 Schritt links überflügelnd.

Der Leitende schiebt die beiderseitig anreitenden Abtheilungen so weit aneinander, daß sie halbwegs mit den Frontflächen zusammenstoßen.

Es muß nunmehr eine Entscheidung über diese Attacken getroffen werden.

Der Leitende erklärt, daß bei den gleichen Stärkeverhältnissen (1³/₄ Eskadrons gegen 1³/₄ Eskadrons), sowie bei den getroffenen Dispositionen keine Veranlassung sei, einer Partei unbedingt das Gelingen ihres Angriffes zuzuschreiben. Er müsse daher willkürlich entscheiden und hebe deshalb nochmals hervor, daß es hier hauptsächlich darauf ankomme, zu sehen, wie jeder Führer sich in der Situation, die sich ergiebt, benimmt. — Auf dem westlichen Theil des Gefechtsfeldes stoßen vom West-Detachement drei Züge der 3. Ulanen-Eskadron auf zwei Züge der 1. Dragoner-Eskadron, während sich ein fernerer Zug der Letzteren jenen in die linke Flanke zu werfen sucht. Der von den Ulanen an der Chaussee befindliche Zug wird zwar ebenfalls herbeieilen, möglicherweise aber einen Moment später eingreifen. — Nachtheilig für die Ulanen-Eskadron ist, daß sie stillgehalten und dadurch nur 300 Schritt Anlauf hat, während die Pferde ihrer Gegner in voller Kraft anrennen. Es würde hier wahrscheinlich zu einem Zusammenstoß kommen, von dem man annehmen kann, daß noch der Rest dieser Minute (da die Bewegung nur ⅗ Minute in Anspruch nahm), also bis 6 Uhr 42 Minuten, sowie noch fernere drei Minuten, mithin bis 6 Uhr 45 Minuten durch ein Handgemenge ausgefüllt werden. Nach diesem Zeitraume werden die Dragoner in nördlicher Richtung zurückgedrängt.

Inzwischen ist weiter östlich fast gleichzeitig der zweite Zusammenstoß erfolgt. Hier gerathen die zwei Züge des Gros der 4. Ulanen-Eskadron (West-Detachement) auf die drei Züge der 2. Dragoner-Eskadron (Ost-Detachement), während der in Reserve zurückgehaltene vierte Zug der Letzteren dem Angriff des herbeieilenden detachirten Ulanenzuges begegnet.

Ich nehme an, daß das Gefecht sich auf diesem Flügel sehr schnell nach dem ersten Zusammenstoß namentlich dadurch für die Dragoner entscheidet, daß sie die Ulanen ungestört mit einem Zuge zu umfassen vermögen (6 Uhr 43 Minuten), und daß die Verfolgung nur durch die beiden Flügelzüge erfolgt. Alsdann würden gegen 6 Uhr 45 Minuten die beiden anderen Züge wieder bereit sein, mit einem großen Theil ihrer Reiter in das Gefecht ihrer 1. Eskadron einzugreifen und würde dies um 6 Uhr 47 Minuten auch das mehr westlich stattfindende Gefecht zu Gunsten der Dragoner entscheiden.

Demgemäß würde um 6 Uhr 49 Minuten die Situation folgende sein: die 3. Ulanen-Eskadron, verfolgt von zwei Zügen der 2. Dragoner-Eskadron, erreicht die dem Gefechtsfelde zunächst befindliche Stelle des aus Zöbigker heraustretenden Weges (Punkt 2 der Skizze). Die 1. Dragoner-Eskadron sucht sich etwa 400 Schritt nordwestlich davon entfernt zu sammeln. Die 4. Ulanen-Eskadron, in südlicher Richtung direkt zurückjagend, hat inzwischen den von Zöbigker kommenden Fußweg überschritten (Punkt 3 der Skizze). Die sie verfolgenden und theilweise mit ihnen untermischten beiden Dragonerzüge der 2. Eskadron, welche keine Unterstützung hinter sich haben, fangen an, die Verfolgung aufzugeben und sich zu sammeln.

Der Leitende überlegt nun, ob inzwischen noch andere Truppentheile in den Gesichtskreis der fechtenden Kavallerie gekommen sind. Auf dem Notizblatt des Gehülfen ist angemerkt, daß das Avantgarden-Bataillon des West-Detachements um 6 Uhr 42 Minuten mit seiner vordersten Kompagnie 800 Schritt nordwestlich von Pröbel sich befindet. Dieselbe wird sich also bis 6 Uhr 49 Minuten 700 Schritt weiter vorbewegt haben, mithin soeben dicht vor Zöbigker eintreffen.

Der Führer der Avantgarde, Premier-Lieutenant Z., wird schon etwa zwei Minuten früher das Gefecht resp. das Zurückkommen der Ulanen bemerkt haben. Es muß ihm daher überlassen werden, ob er bereits früher Anordnungen trifft. Auch ist der bei ihm befindliche Kommandeur des West-Detachements, Hauptmann X., berechtigt, dies ebenfalls zu thun.

Premier-Lieutenant Z. erklärt auf Befragen, daß er sofort, wenn er das Kavalleriegefecht überhaupt bemerkt, die vorderste Kompagnie im Laufschritt vorgehen, zwei Züge derselben an der Lisiere des östlich der Chaussee belegenen Dorftheils ausschwärmen läßt, während der dritte Zug bis an den jenseitigen Ausgang des Dorfes vorgeht; auch die übrigen drei Kompagnien gehen schneller vor.

Unter diesen Umständen muß der Leitende gestatten, daß um 6 Uhr 49 Minuten bereits die beiden Schützenzüge einen Theil der südöstlichen Lisiere des Dorfes besetzt halten. Da diese Bewegung den feindlichen Dragonern nicht verborgen geblieben sein kann, so sind die betreffenden Truppenzeichen der Infanterie vom Premier-Lieutenant Z. an den ebengenannten Stellen aufzusetzen (die Kompagnie-Steine dicht hinter einander geschoben, zwei Tirailleur-Steine an die

Lisiere gelegt), auch muß dem Gegner — dem Lieutenant D. — gesagt werden, daß diese Infanterie auf der Chaussee anmarschirt ist. Gleichzeitig trifft der Leitende nunmehr auch die Entscheidung, daß das Feuer aus der Dorflisiere auf die verfolgenden Dragoner bei einer Entfernung von etwas über 500 Schritt diese zur Umkehr zwingt.

Hiermit wären die Verhältnisse um 6 Uhr 49 Minuten zum Abschluß gelangt.

Es befinden sich um diese Zeit:
West-Detachement:
3. Ulanen-Eskadron ca. 500 Schritt östlich Zöbigker.
4. Ulanen-Eskadron ca. 1000 Schritt nördlich Gr.-Städteln. (Drei Züge.)
Beide Eskadrons im Sammeln begriffen.
Ein Zug der 4. Eskadron an der Pleiße.
Avantgarde mit der vordersten Kompagnie in Zöbigker, zwei Schützenzüge an der südöstlichen Lisiere des Dorfes bereits ausgeschwärmt.
Gros etwa 2500 Schritt rückwärts auf der Zwenkauer Chaussee.
NB. Der Befehl zum Vorgehen an die 1. und 2. Ulanen-Eskadron trifft bei ihnen ein.
Ost-Detachement.
Beide Dragoner-Eskadrons im Sammeln nordöstlich vor Zöbigker, 1 Zug bei Dölitz.
Avantgarde und Gros in und bei Connewitz in Ausführung der gegebenen Befehle.

Zunächst handelt es sich darum, welche weiteren Entschlüsse beiderseits getroffen werden.

Beobachtung der beiderseitigen Kavallerie bis zum Herannahen der Kolonnen des West-Detachements von 6 Uhr 49 Minuten bis 7 Uhr 1 Minute.

Es ist hier wiederum ein Moment eingetreten, in welchem wichtigere Ereignisse nicht bevorstehen. Es lassen sich die zunächst zu erwartenden bereits dahin voraussehen, daß die Kavallerie des Ost-Detachements nach Maßgabe des Vorgehens der feindlichen Kolonnen sich allmälig zurückziehen wird.

Da die weitere Fortsetzung des Spiels zunächst von den Anordnungen des West-Detachements abhängig sein wird, müssen diese auch zuerst besprochen werden. Die zum Ost-Detachement gehörigen Offiziere müssen daher das Zimmer verlassen.

Hierauf wendet sich der Leitende an Hauptmann X. und fragt ihn, ob er irgend welche Anordnungen zu treffen hätte.

Hauptmann X.: Dem Avantgarden-Bataillon befehle ich, daß es Zöbigker besetzt und hier die Annäherung des Gros erwartet. Die beiden im Gefecht gewesenen Ulanen-Eskadrons sammeln sich und ziehen sich nach Zöbigker heran; ein erneutes Vorgehen hat, wenn der Feind nicht etwa abziehen sollte, erst stattzufinden, wenn die vorbeorderten beiden anderen Eskadrons eintreffen. Das Gros soll seinen Marsch möglichst beeilen.

In Ausführung dieser Befehle erklärt der Führer der Avantgarde, Premier-Lieutenant Z.:

Die bereits in Zöbigker befindliche 9. Kompagnie besetzt die östliche Lisiere des Dorfes, mit Ausnahme der nördlichen Gehöfte, die 10. Kompagnie die Nordlisiere (detachirter Posten am Floßgraben), die beiden anderen Kompagnien in der Mitte des Dorfes an der Chaussee in Reserve.

Lieutenant U.: Die 3. Ulanen-Eskadron sammelt sich an der Stelle, an der die Verfolgung aufgehört hat, die 4. Eskadron verfährt ebenso und zieht sich alsdann sofort an erstere heran. Zur Beobachtung des Feindes wird ein Zug vorgezogen.

Der Leitende: Wir wollen zunächst feststellen, wann die vorbeorderten Eskadrons eintreffen. Dieselben befinden sich nach unserer früheren Berechnung 3700 Schritt von der vordersten Avantgarden-Kompagnie entfernt. Diese war um 6 Uhr 49 Minuten vor Zöbigker angelangt. Um dieselbe Zeit, haben wir bereits festgestellt, geht der Befehl zum Vorgehen bei den beiden Eskadrons ein. Sie werden daher, auf oder neben der Chaussee im Trabe vorgehend, 12 Minuten später in Höhe der südlichen Lisiere von Zöbigker eintreffen, mithin um 7 Uhr 1 Minute.

Das Gros, 2500 Schritt von der Vorhut der Avantgarde entfernt, kann Zöbigker 25 Minuten später als diese erreichen (7 Uhr 14 Minuten). Um 7 Uhr 1 Minute befindet sich seine Tete noch etwas über 1300 Schritt vom Dorfe entfernt.

Hierauf begiebt sich der Leitende in das andere Zimmer und fragt Lieutenant D., was er zu thun beabsichtige, gleichzeitig hinzufügend, daß er nach 6 Uhr 49 Minuten zunächst bemerken würde, wie die ihm gegenüber befindlichen beiden

Ulanen-Eskadrons sich sammeln und alsdann näher an Zöbigker heranrücken, welches Dorf inzwischen von dem feindlichen Bataillon vollständig besetzt würde.

Lieutenant D.: Da ich bei einem erneuten Angriff gegen die feindliche Kavallerie in das Infanteriefeuer gerathen würde, stelle ich mich hinter der nächsten deckenden Höhe auf und setze die Beobachtung fort. Meldung von dem Gefecht und was ich bisher vom Feinde gesehen, geht nach Connewitz zurück.

Der Leitende versammelt hierauf wiederum beide Parteien an den Plänen.

Lieutenant D. wird angewiesen, seine beiden Eskadrons bis an die Stelle zurückzuziehen, wo er sich sammeln und seine weiteren Beobachtungen fortsetzen will. Derselbe zieht sie bis hinter die 900 Schritt nordöstlich von Zöbigker befindliche Kuppe zurück.

In ähnlicher Weise hat Lieutenant U. das Sammeln der beiden im Gefecht gewesenen Ulanen-Eskadrons zu markiren. Derselbe nähert sie der Südostecke des Dorfes bis auf 400 Schritt. Gleichzeitig richtet dieser Offizier die Frage, was von den über die Pleiße entsandten Patrouillen zu hören sei.

Der Leitende beantwortet sie dahin, daß bis jetzt noch keine Meldungen von diesen eingegangen wären und setzt hierauf den Gang der Ereignisse folgendermaßen allen Theilnehmern auseinander:

Die beiden Dragoner-Eskadrons des Ost-Detachements, welche sich in Folge des beim Kavalleriegefecht schließlich aus Zöbigker erhaltenen Infanteriefeuers nach 6 Uhr 49 Minuten gesammelt haben, sind demnächst bis hinter die Höhe zurückgegangen, hinter welcher sie sich augenblicklich aufgestellt befinden. Sie bemerken von dort aus Folgendes:

Die Infanterie in Zöbigker besetzt die nördliche und östliche Lisiere, was Premier-Lieutenant Z. durch Aufstellen der entsprechenden Zahl von Schützenzügen zu markiren hat. (Premier-Lieutenant Z. setzt an der Nordlisiere einen Schützenzug auf, während er die beiden an der östlichen Lisiere bereits befindlichen Züge dort beläßt.) Die noch hinter Zöbigker aufgestellten Kompagnien treten in das Dorf ein, verschwinden der Einsicht der Dragoner und sind daher vom Premier-Lieutenant Z. vom Plane fortzunehmen. Die Ulanen-Eskadrons sammeln sich und werden bis an die Stelle, wo sie hier aufgestellt, an Zöbigker herangezogen.

Meldung der Dragoner über das Gefecht und das Erscheinen der feindlichen Infanterie wird etwa um 6 Uhr 54 Minuten zurückgesandt.

Beide Abtheilungen verbleiben einige Zeit beobachtend gegenüber halten.

Ungefähr 4 Minuten vor 7 Uhr bemerken die Dragoner starke Staubwolken, welche anscheinend von Kavallerie herrühren, von Pröbel aus auf der Chaussee sich nähern. Bald darauf erkennen sie, daß diese von ungefähr zwei weiteren Ulanen-Eskadrons herrühren, welche um 7 Uhr 1 Minute die Südostecke von Zöbigker erreichen. Lieutenant U. hat dieselben aufzusetzen.

Inzwischen wird der Anmarsch einer ferneren Kolonne aus Pröbel bemerkbar. Um 7 Uhr 1 Minute ist bereits circa ein Infanterie-Bataillon aus dem Dorfe herausgetreten. Was jenseits desselben etwa noch im Anmarsch ist, wird durch die Gehöfte und Gärten verdeckt. Die eben erwähnte Abtheilung ist vom Hauptmann P. aufzusetzen.*)

2. Rückzug der Kavallerie des Ost-Detachements bis hinter die Pleiße.

Information über die Absichten der Führer nach Lage der Verhältnisse um 7 Uhr 1 Minute.

Der Leitende läßt sich nunmehr von den betheiligten Führern die weiteren Absichten einzeln mittheilen, wobei eine Partei sich von den Plänen fort event. in das Nebenzimmer begiebt.

Vom Ost-Detachement erklärt Lieutenant D., daß er nur zurückgehen würde, wenn das weitere Vorgehen der jetzt überlegenen feindlichen Kavallerie ihn dazu zwänge. Er würde sich in einer Entfernung von 1000—1200 Schritt von derselben entfernt halten und jeden Moment benutzen, der zum Aufhalten des Gegners oder zum Angriffe desselben irgend welche Chance böte. Auf Befragen,

---

*) Dies geschieht in der Weise, daß zwei der Infanterie-Steine (à 2 Kompagnien), mit der schmalen Seite aneinanderstoßend, auf der Chaussee aufgestellt werden. Ihre Länge beträgt bei den alten Kriegsspiel-Steinen nur 300 Schritt, nach unserer Annahme hat die Marschkolonne eines Infanterie-Bataillons aber 400 Schritt Länge. Dies wird später dadurch markirt, daß die in ähnlicher Weise aufzustellenden beiden Steine einer Batterie erst nach einem Zwischenraume von 100 Schritt aufgestellt werden.

wo er im Terrain eine derartig geeignete Stelle zu finden glaube, bezeichnet er die Stelle, wo bei „Jungfernlache" ein Weg von Süden in die Chaussee mündet.

Der Führer des Ost-Detachements, Hauptmann A., theilt mit, daß, wenn die Meldung vom Kavalleriegefecht und dem Erscheinen der feindlichen Infanterie bei ihm eingeht, er auch noch die beim Gros befindliche 2. und 3. Kompagnie der Avantgarde zur Verfügung stellt.

Premier-Lieutenant B. will diese alsdann über die Connewitzer Brücke vorgehen lassen und als Reserve der an der zweiten Brücke weiter westlich befindlichen 1. Kompagnie verwenden.

Der Leitende: Welche Instruktion hat der zur Aufnahme der Kavallerie vorgeschobene Zug der 1. Kompagnie in Bezug auf seinen Rückzug erhalten?

Premier-Lieutenant B.: Derselbe soll zur Kompagnie zurückkehren, sobald die letzten Dragoner seine Stellung passirt haben.

Demnächst sind die Informationen vom West-Detachement einzuziehen.

Der Leitende: Was beabsichtigt das Ulanen-Regiment?

Lieutenant U.: Ich reite in zwei Treffen à zwei Eskadrons formirt gegen die Dragoner an.

Der Leitende: Wenn diese den Angriff nicht annehmen, sondern in den Wald östlich Gautzsch zurückweichen?

Lieutenant U.: So folge ich mit der 3. Eskadron an der Chaussee, mit den übrigen drei Eskadrons umgehe ich den vordersten Waldtheil südlich.

Der Leitende: Wie weit wollen Sie folgen?

Lieutenant U.: Bis ich auf überlegene Kavallerie oder andere feindliche Truppen stoße.

Der Leitende: Was soll die Avantgarde thun?

Hauptmann X.: Dieselbe setzt den Vormarsch auf der Chaussee erst dann weiter fort, wenn das Gros Zöbigker erreicht hat; Letzteres folgt alsdann auf 600 Schritt.

Der Leitende: Aendert die Avantgarde etwas in ihrer früheren Formation?

Premier-Lieutenant Z.: Nein; eine Kompagnie wird wiederum auf 300 Schritt vorgeschoben.

Der Leitende ersucht hierauf, ihn einige Zeit an den Plänen allein zu lassen.

Feststellung verschiedener zur Fortführung des Spiels nach 7 Uhr 1 Minute nothwendiger Zeitbestimmungen.

Der Leitende vermag bereits zu übersehen, daß wesentliche Aenderungen in den Dispositionen beider Detachements nicht früher eintreten können, als bis die vorgeschobenen Dragoner und der eine Infanteriezug des Ost-Detachements hinter die zweite Brücke westlich Connewitz zurückgegangen sind und die vordersten Ulanen diese Brücke erreichen. Es ist daher festzustellen, wann dies geschieht.

Die Dragoner weichen nur nach Maßgabe des Vordringens der Ulanen, die Bewegungen der Letzteren sind also maßgebend.

Diese setzen sich mit ihrem ersten Treffen 400 Schritt von der Südost-Ecke von Zöbigker um 7 Uhr 2 Minuten in Bewegung; sie haben bis an den Fuß der Höhen östlich von Gautzsch nach Zurückdrängen der Dragoner in den Wald 3300 Schritt zurückzulegen. Verschiedene Seitenbewegungen werden indeß angesichts des Feindes nöthig werden und nicht gestatten, daß man diese Strecke in direkter Linie durchreitet, auch wird vielleicht jetzt oder bald darauf einige Minuten Schritt geritten werden, so daß die Ulanen bis an den Fuß der Höhe etwa eine Viertelstunde gebrauchen werden (7 Uhr 17 Minuten).

Alsdann theilen sich die Ulanen. Die auf der Chaussee in den Wald hineinreitende Eskadron wird nur vorsichtig vorgehen, die anderen drei traben südlich um den Wald herum, nördlich von Raschnitz vorbei. Bis diese die Chaussee erreichen, beträgt die Entfernung 1600 Schritt; der Ritt geht aber anfangs durch schwieriges Terrain und dürfte weitere acht Minuten erfordern, so daß das Gros des Ulanen-Regiments erst 7 Uhr 25 Minuten dort eintrifft. Von dieser Stelle bis an die Chausseebrücke wird das weitere Vorgehen der Ulanen durch die abziehende feindliche Infanterie beeinflußt, die langsam mit aufgelösten Schützen abzieht und etwa erst 10 Minuten später die Brücke überschreitet. Mithin werden die folgenden ersten Ulanen noch etwas später — etwa um 7 Uhr 36 Minuten — die Brücke zu Gesicht bekommen.

Es ist ferner festzustellen, wo sich um diese Zeit die Avantgarde der wieder in Marsch gesetzten Kolonne des West-Detachements befindet.

Das Gros ist mit seiner Tete um 7 Uhr 1 Minute 1300 Schritt von Zöbigker entfernt, erreicht also das Dorf um

7 Uhr 14 Minuten. Eine Minute vorher setzt sich die Vorhut vom nördlichen Ausgang von Zöbigker in Bewegung. Bis 7 Uhr 36 Minuten kann die Spitze der Kolonne 2300 Schritt zurücklegen und wird sich also um diese Zeit 200 Schritt östlich von Gautzsch befinden.

Für das Ost-Detachement sind Zeitfeststellungen nicht erforderlich, indem es sich auch ohne solche übersehen läßt, daß die Anordnungen des Hauptmann A., bezüglich der Verstärkung der Avantgarde, welche er nach Eingang der von der Kavallerie um 6 Uhr 54 Minuten abgesandten Meldung trifft, bis 7 Uhr 36 Minuten bereits zur Ausführung gelangt sein müssen.

Darlegung der Ereignisse von 7 Uhr 1 Minute bis 7 Uhr 36 Minuten.

Der Leitende versammelt beide Parteien und trägt nach den von den einzelnen Führern ihm eröffneten Absichten Folgendes vor:

Etwa um 7 Uhr 2 Minuten geht das nunmehr vereinigte Ulanen-Regiment gegen die beiden Dragoner-Eskadrons vor, welche nach den Höhen von Gautzsch zurückweichen. Kurz vor dem Verlassen der Höhe nordöstlich Zöbigker bemerken sie noch, daß der aus Prödel vorkommenden Infanterie noch Artillerie und weitere Infanterie folgt, so daß sie bis jetzt vom Feinde etwa 2 Bataillone, 4 Eskadrons und 1 Batterie gesehen haben, ohne jedoch weiter beobachten zu können, ob nicht noch mehr Truppen auf der Chaussee in Bewegung sind. Meldung hierüber wird zurückgeschickt. Die bei Prödel in Anmarsch befindlichen Abtheilungen der West-Division werden nun von den Dragonern nicht mehr erblickt und sind daher vom Plane fortzunehmen. Die beiden Dragoner-Eskadrons bitte ich, bis in den Wald östlich der Höhen von Gautzsch hineinzuziehen und die vier Ulanen-Eskadrons bis an den Fuß dieser Höhe folgen zu lassen. Letztere legen in Folge einigen Aufenthaltes die 3300 Schritt betragende Strecke in 15 Minuten zurück, sind also an dieser Stelle um 7 Uhr 17 Minuten eingetroffen.

Auch die bei Zöbigker aufgestellten Schützenzüge sind wiederum fortzunehmen, demnächst die Dragoner-Steine und nur der Arrieregardenzug derselben im Gehölz, sowie Patrouillen südlich desselben zu marfiren.

Die Ulanen-Eskadrons ersuche ich, die mir mitgetheilte Bewegung durch langsames Ziehen der Steine auszuführen, da die Dragoner-Patrouillen die Bewegung ununterbrochen beobachten.

(Lieutenant U. führt dies aus, eine Eskadron auf der Chaussee, die anderen drei um die südliche Waldspitze vorschiebend. Sobald er über Letztere hinaus vorkommt, ordnet der Leitende an, daß der Gegner seine Dragoner-Eskadrons östlich der Waldspitze hinter der Höhe wieder aufstellt und daß Premier-Lieutenant B. einen Schützenzug an der weiter nordöstlich befindlichen Waldlisiere [von der 1. Kompagnie der Avantgarde des Ost-Detachements] hinsetzt.)

Lieutenant U. erklärt, daß er auch unter diesen Umständen zum Angriff der Dragoner vorgehen will.

Der Leitende: Die Dragoner weichen hinter die sie aufnehmende Infanterie zurück. Um 7 Uhr 25 Minuten ist das Ulanen-Regiment an der Chaussee bei Jungfernlache eingetroffen. Aber auch die feindliche Infanterie zieht, aufgelöste Schützen hinter sich, nach den Dragonern ab und die Ulanen folgen vorsichtig in den Wald.

Lieutenant U.: Ich folge nur mit einer Eskadron in den Wald, die Uebrigen bleiben im freien Terrain halten.

Der Leitende: Ich bitte, die Truppensteine fortzunehmen, dafür einige Ulanen-Patrouillen in der Nähe der Brücken aufzustellen und seitens des Ost-Detachements die Besetzung des rechten Ufers durch eine entsprechende Anzahl von Schützenzügen zu markiren. (Premier-Lieutenant B. setzt deren zwei auf.)

Premier-Lieutenant B.: Sobald die letzte Abtheilung die Brücke passirt hat, lasse ich sie anzünden.

Der Leitende: Dies wäre die Lage um 7 Uhr 36 Minuten. Auf dem rechten Pleiße-Ufer sind inzwischen Dragoner- und Ulanen-Patrouillen aufeinander gestoßen, schließlich hat von jeder Seite etwa ein Zug eine beobachtende Haltung angenommen. Die Dragoner bei Dölitz, die Ulanen bei Schloß Markkleeberg.

Dem West-Detachement wird noch mitgetheilt, daß um diese Zeit seine Kolonne sich wieder in Marsch befindet, und zwar mit der Vorhut bereits 200 Schritt über Gautzsch hinaus.

Die weiteren Absichten müssen zunächst von diesem Detachement entwickelt werden, die Offiziere des Ost-Detachements können im Nebenzimmer, da seine sämmtlichen Abtheilungen vereinigt sind, die Instruktionen ihres Führers entgegennehmen.

3. Rechtsabmarsch des West-Detachements von Gautzsch nach Schloß Markkleeberg.

Anordnungen des West-Detachements nach 7 Uhr 36 Minuten.

Hauptmann X. erklärt, daß, sobald die Meldung von der Zerstörung der Brücke eingingе, er mit dem Gros eine andere Marschrichtung einschlagen werde.

Der Leitende: Wir wollen zunächst feststellen, wann und wo die Meldung Sie trifft. Ich nehme an, daß Sie der Disposition zufolge sich wiederum bei der Avantgarde befinden. Gleich nach 7 Uhr 36 Minuten erblicken die Ulanen die brennende Brücke, zwei Minuten später etwa kann die Meldung vom Ulanen-Regiment abgehen, welches sich unweit des Waldsaumes befindet, den vor Kurzem noch die feindliche Infanterie besetzt hielt. Der Ueberbringer braucht (400 Schritt in der Minute) etwa 5 Minuten (7 Uhr 43 Minuten), bis er im Hohlwege vor Gautzsch auf die inzwischen bis dahin marschirte Tete der Avantgarde stößt; das Gros befindet sich zur Zeit noch etwa 1200 Schritt von ihr entfernt (300 Schritt von der Vorhut bis zum Gros der Avantgarde, 300 Schritt Marschlänge der drei Kompagnien desselben, 600 Schritt Abstand von ihnen bis zur Tete des Gros), also ungefähr am westlichen Eingange von Gautzsch.

Hauptmann X.: Die Avantgarde soll im Marsch bleiben, das Gros halten.

Der Leitende: Der Befehl, durch den Adjutanten überbracht, erreicht das Gros zwei Minuten später, nachdem dasselbe also bereits 200 Schritt weit in Gautzsch hineinmarschirt ist. (7 Uhr 45 Minuten.)

Hauptmann X.: Dem Kommandeur der Avantgarde eröffne ich, daß ich mit dem Gros auf Schloß Markkleeberg abmarschiren und dort die Pleiße überschreiten werde.*) Er soll den Marsch auf Connewitz fortsetzen; stößt er hierbei auf Widerstand, so soll er den Feind nur beschäftigen und erst dann zum ernstlichen Angriff übergehen, wenn das Gros jenseits des Flusses in's Gefecht tritt. Sind die Brücken zerstört, so soll das Bataillon suchen, auf irgend eine Weise über den Fluß zu kommen. Eine Eskadron des Ulanen-Regiments verbleibt bei dem Bataillon. Hierauf begebe ich mich zum Gros.

Der Leitende: Sie würden, auf die Befehls-Ertheilung an

---

*) Die Pleiße-Brücke bei Schloß Markkleeberg ist auf der Skizze nicht deutlich genug dargestellt und wird daher gebeten, dies zu ergänzen.

die Avantgarde zwei Minuten gerechnet, um 7 Uhr 48 Minuten beim Gros in Gautzsch eintreffen. (7 Uhr 43 Minuten hat Hauptmann X. bei der Avantgarde die Meldung erhalten, zwei Minuten zur Instruktion der Avantgarde, drei Minuten zum Zurückreiten.)

Hauptmann X.: Das Gros formirt eine neue Avantgarde aus zwei Kompagnien des 1. Bataillons und der Batterie bestehend, welche sich sofort in Marsch setzt und von Gautzsch aus den nächsten Weg nach Oetzsch und von dort auf Schloß Markkleeberg einschlägt. Der Rest des Gros — sechs Kompagnien — folgt auf 500 Schritt. Das Ulanen-Regiment verbleibt vorläufig bei der Avantgarde, erst wenn ich mit dem Gros Oetzsch erreicht habe, schicke ich ihm Befehl, mit drei Eskadrons ebenfalls auf Oetzsch im Trabe abzumarschiren und sich dem Gros anzuschließen.

Der Leitende: Wir wollen sehen, wann die Kolonne bei Schloß Markkleeberg eintreffen würde, wenn sie den Marsch ungestört vom Feinde zur Ausführung bringen sollte. Ich nehme an, daß nach Ertheilung des Befehls die neue Avantgarde sich um 7 Uhr 49 Minuten aus Gautzsch (200 Schritt vom westlichen Eingange) in Bewegung setzt. Bis an den Wegeknoten vor Oetzsch hat sie 1900 Schritt, bis an die Brücke von Schloß Markkleeberg 3500 Schritt zurückzulegen. Sie trifft also um 8 Uhr 8 Minuten vor Oetzsch, um 8 Uhr 24 Minuten vor dem Schlosse an der Brücke ein. Die Marschkolonne (2 Bataillone, 1 Batterie, 500 Schritt Distanz) hat eine Länge von 1700 Schritt, ihre Queue befindet sich alsdann noch 100 Schritt vor Oetzsch.

Der Befehl an die Kavallerie geht von Oetzsch um 8 Uhr 8 Minuten ab, gelangt bei dem 2400 Schritt entfernten Regiment (à 400 Schritt) um 8 Uhr 14 Minuten an und würde das Regiment im Trabe (à 300 Schritt) dieselbe Strecke zurücklegen, so daß es um 8 Uhr 20 Minuten bei Oetzsch eintrifft. Hier findet es den Weg von der Infanterie eingenommen und muß noch 4—5 Minuten warten, bevor es sich der Queue derselben anzuschließen vermag.

Bei Schloß Markkleeberg würden Sie den Ulanenzug vorfinden, der auf dem rechten Ufer der Pleiße patrouilliren sollte; die schon früher gemeldeten feindlichen Dragoner (1 Zug) stehen ihm auch jetzt noch südlich Dölitz gegenüber.

Was soll, wenn Sie die Pleiße überschritten haben, weiter geschehen?

Hauptmann X.: Das Gros soll auf der Wiese, welche sich auf dem rechten Ufer beim Schloß befindet, aufmarschiren und etwas ruhen, während ich mit den drei Ulanen-Eskadrons zur Rekognoszirung in der Richtung auf Leipzig vorgehe.

Der Leitende: Auf dem schmalen Wege durch die Niederung können die Ulanen nicht bei der Infanterie vorbei. Sie müssen also mit ihrer Rekognoszirung warten, bis der Aufmarsch der Infanterie vollendet ist. Ihre Tete traf 8 Uhr 24 Minuten bei der Brücke ein, die Kolonne (exkl. Ulanen) ist 1700 Schritt lang, der Aufmarsch wird daher erst um 8 Uhr 41 Minuten beendet sein. Wir wollen hier einen Augenblick inne halten.

Anordnungen des Ost-Detachements nach 7 Uhr 36 Minuten.

Der Leitende begiebt sich hierauf zum Ost-Detachement und stellt zunächst die Frage: Wohin die beiden Dragoner-Eskadrons sich begeben, nachdem sie hinter die vorderste Infanterie zurückgegangen sind?

Hauptmann A.: Die Dragoner stoßen zu dem noch in Reserve befindlichen Bataillon, woselbst sie ruhen; nur ein Zug verbleibt bei dem 1. Bataillon.

Der Leitende: Welche Instruktion hat das 1. Bataillon?

Hauptmann A.: Es soll dem Gegner den Uebergang über die alte Pleiße so lange verwehren, bis feindliche Infanterie auf dem rechten Ufer des Flusses festen Fuß gefaßt hat. Alsdann zieht es sich über die Connewitzer Brücke ab, welche in Brand gesteckt wird, und besetzt die westliche Lisière des Dorfes.

Der Leitende: Was sind überhaupt Ihre weiteren Absichten?

Hauptmann A.: Ich will in meiner Stellung bei Connewitz die Entwickelung der weiteren Absichten des Feindes erwarten und eventuell die Stellung energisch vertheidigen.

Der Leitende: Wie verfügt das 1. Bataillon über den ihm zugetheilten Dragonerzug?

Premier-Lieutenant B.: Derselbe entsendet mehrere Patrouillen, welche die alte Pleiße oberhalb wie unterhalb der Chaussee ununterbrochen beobachten.

Der Leitende: Aendert sich sonst irgend etwas in der Aufstellung des 1. Bataillons?

Premier-Lieutenant B.: Nein. Dasselbe bleibt mit einer Kompagnie an der zerstörten Brücke, zwei Kompagnien etwa 250 Schritt rückwärts in Reserve, die 4. an der Connewitzer Brücke.

Feſtſtellung der Meldungen, welche beiden Detachements nach 7 Uhr 36 Minuten zunächſt zugehen.

Der Leitende und ſein Gehülfe müſſen nunmehr die Pläne allein zur Verfügung behalten, um feſtſtellen zu können, ob reſp. welche Nachrichten dem Oſt-Detachement über die Bewegungen des Feindes zugehen.

Zunächſt würde das auf der Zwenckauer Chauſſee vorgehende Bataillon des Weſt-Detachements mit der an der abgebrannten Chauſſeebrücke befindlichen Kompagnie in Berührung kommen. Die Vorhut jenes Bataillons iſt um 7 Uhr 43 Minuten ungefähr bis in die Mitte des Hohlweges öſtlich Gautzſch gelangt. Von dort bis in die Nähe der beſetzten Brücke ſind etwa 2700 Schritt; von 8 Uhr 10 Minuten an würde alſo an der Brücke das Schützengefecht von beiden Seiten des Fluſſes im Gange ſein.

Ferner wird den Dragoner-Patrouillen, welche die alte Pleiße aufwärts entſandt ſind, der Abmarſch der drei Ulanen-Eskadrons von der Chauſſee in Richtung auf Oetzſch ſchwerlich entgehen. Das Regiment trabt um 8 Uhr 14 Minuten ab; nach etwa drei Minuten würden die Patrouillen der Dragoner im Klaren darüber ſein, daß es ſich hier nicht um einen Stellungswechſel, ſondern um einen Abmarſch handle; ihre Meldung hiervon geht etwa nach weiteren vier Minuten, alſo um 8 Uhr 21 Minuten, beim Gros hinter Connewitz ein.

Schließlich muß angenommen werden, daß der ſüdlich von Dölitz befindliche Dragonerzug eine Patrouille über Schloß Dölitz in den Winkel zwiſchen Pleiße und alte Pleiße hineingeſchoben hat, welche den Marſch des Gegners über Oetzſch auf Schloß Markkleeberg frühzeitig entdecken wird.*) Dieſe bemerkt ſchon das Herabſteigen des Gegners von dem Höhenterrain weſtlich Oetzſch um 8 Uhr 8 Minuten; um 8 Uhr 14 Minuten iſt ſie darüber im Klaren, daß der Marſch in Richtung auf Schloß Markkleeberg in der Niederung fortgeſetzt wird. Der Führer des Zuges eilt auf dieſe Meldung

---

*) Der Leitende kann auch einem der vorläufig noch nicht beſchäftigten Offiziere des Oſt-Detachements die Führung des Dragonerzuges übertragen und ſich von dieſem das ſpezielle Verfahren des Zuges, Patrouillengang ꝛc. angeben laſſen. Hiervon macht er es dann abhängig, ob reſp. wann der Marſch des Feindes entdeckt wird. Auch bei Dölitz (Schloß) wird gebeten, die Brücke zu ergänzen.

selbst herbei, um sich von ihrer Richtigkeit zu überzeugen. Etwa um 8 Uhr 16 Minuten ginge dann von Schloß Dölitz aus die Meldung nach Connewitz zurück (mit den nothwendigen Umwegen etwa 3600 Schritt), wird also um 8 Uhr 25 Minuten dort eintreffen.

Das West-Detachement kann durch den Gegner bis dahin nicht beeinflußt werden, wohl aber das Ost-Detachement durch die eingehenden Meldungen.

Fortführung des Spiels beim Ost-Detachement von 7 Uhr 36 Minuten bis 8 Uhr 38 Minuten.

Der Leitende ruft daher das Ost-Detachement an die Pläne und macht folgende Mittheilungen, indem er ersucht, daß, wenn auf Grund derselben von irgend einem Führer etwas angeordnet wird, dieser es sofort sagen solle:

Nachdem die Brücke über die alte Pleiße in Brand gesteckt und die Dragoner, exkl. eines Zuges, in die Reservestellung zurückgegangen sind, zeigen sich nur von Weitem einzelne Ulanen. Bald darauf melden die Patrouillen, welche flußaufwärts gegangen sind, daß das feindliche Ulanen-Regiment an der Chaussee etwa 900—1000 Schritt entfernt von der Brücke halte.

Gegen 8 Uhr melden dieselben ferner, daß feindliche Infanterie, etwa ein Bataillon, auf der Chaussee im Anmarsch sei, und um 8 Uhr 10 Minuten zeigen sich die Tirailleurs desselben am jenseitigen Ufer, worauf es hier zu einem Feuergefecht kommt.

Premier-Lieutenant B.: Ich löse die ganze 1. Kompagnie zu demselben auf.

Der Leitende: Das Gefecht trägt hier einen hinhaltenden Charakter. Inzwischen geht um 8 Uhr 21 Minuten weitere Meldung von den Dragoner-Patrouillen ein, daß das feindliche Ulanen-Regiment, exkl. einer Eskadron, in südlicher Richtung auf Raschitz im Abmarsch begriffen sei. —

Um 8 Uhr 25 Minuten meldet schließlich ein Dragoner, von Dölitz kommend, daß seit etwa einer Viertelstunde eine starke Infanterie-Kolonne nebst einer Batterie von den Höhen bei Oetzsch herabsteige und den Weg auf Schloß Markkleeberg einschlage.

Hauptmann A.: Ich gebe in Folge dessen Befehle:

1) Beide Dragoner-Eskadrons traben sofort bis Dölitz vor zur weiteren Aufklärung der Bewegungen des Gegners.

2) Das 1. Bataillon geht nach Connewitz zurück, zerstört die dortige Brücke und hält die westliche Dorflisière mit zwei Kompagnien besetzt, die beiden anderen Kompagnien rücken in Reserve hinter den Hang der Höhe, welche sich 600 Schritt östlich des südlichen Theils von Connewitz befindet.

3) Das 2. Bataillon rückt mit zwei Kompagnien ebenfalls nach dieser Höhe, die beiden anderen Kompagnien besetzen den südlichen Abschnitt von Connewitz.

4) Die Batterie sucht in Nähe der eben erwähnten Höhe eine Stellung, von der aus sie das Vorterrain möglichst weit beherrscht.

5) Ich begebe mich ebenfalls auf die Höhe.

Der Leitende: Diese Befehle kommen nacheinander zur Ausführung. Die Dragoner-Eskadrons gehen um 8 Uhr 27 Minuten auf der Chaussee vor. Um 8 Uhr 38 Minuten stoßen sie bei den südlichsten Häusern von Dölitz auf den dort befindlichen Dragonerzug, welcher meldet: daß der Feind im Debouchiren über die Brücke bei Schloß Markkleeberg begriffen sei. Bis jetzt ist etwa ein Bataillon und eine Batterie auf der dort befindlichen Wiese aufmarschirt; circa 1½ Bataillon und ein Ulanen-Regiment befinden sich noch jenseits des Flusses im Anmarsch. Der Gegner wird die Truppensteine sofort aufstellen; ich ersuche Lieutenant D., dies mit den Dragoner-Eskadrons gleichfalls zu thun.

Die übrigen Abtheilungen des Detachements haben bis 8 Uhr 38 Minuten theils ihre befohlenen Aufstellungen eingenommen, theils sind sie noch im Begriff dies zu thun. Die speziellen Anordnungen derselben werde ich später erfragen. Premier-Lieutenant B. hat noch die Schützenzüge an der Brücke über die alte Pleiße fortzunehmen und sie an der Connewitzer Brücke wieder aufzustellen.

Hierauf wendet sich der Leitende zum West-Detachement.

Fortführung des Spiels beim West-Detachement von 7 Uhr 36 Minuten bis 8 Uhr 38 Minuten.

Der Leitende: Das bisherige Avantgarden-Bataillon — das Füsilier-Bataillon — hat seinen Marsch auf der Chaussee fortgesetzt und gelangt gegen 8 Uhr 10 Minuten an die abgebrannte Brücke. Der jenseitige Flußrand ist stark mit Schützen besetzt, mit denen die Kompagnie der Vorhut in ein Feuergefecht geräth. Der Feind entwickelt bei demselben etwa eine Kompagnie, räumt aber bald nach 8½ Uhr seine Stellung und geht auf Connewitz zurück.

Versuche, eine zum Uebergang geeignete Stelle zu finden, haben bisher unter dem feindlichen Feuer keinen Erfolg gehabt.

Das Gros, welchem die neugebildete Avantgarde vorausgeht, hat inzwischen von Gautzsch den Marsch über Oetzsch auf Schloß Markkleeberg angetreten, das von Oetzsch aus abberufene Ulanen-Regiment ist mit drei Eskadrons eingetroffen, als die Queue der Kolonne letztgenanntes Dorf noch nicht erreicht hat. Um 8 Uhr 24 Minuten trifft die Tete der Avantgarde an der Brücke bei Schloß Markkleeberg ein; vom Feinde erfährt man bis dahin nur durch den hier befindlichen Ulanenzug, daß sich bis jetzt außer dem gegenüberstehenden, bereits gemeldeten Dragonerzuge noch nichts gezeigt habe.

Bis 8 Uhr 38 Minuten ist der Aufmarsch auf der Wiese noch nicht vollständig beendet; es sind etwa noch drei Kompagnien nebst dem Ulanen-Regiment (drei Eskadrons) zurück. Um diese Zeit meldet der vorbefindliche Ulanenzug, daß feindliche Kavallerie, etwa zwei Eskadrons, auf der Straße von Connewitz herantrabe. Dieselben sind auf dem Plane bereits aufgestellt; ich ersuche nun die einzelnen Führer des West-Detachements, ihre Abtheilungen auf dem Plane ebenfalls aufzustellen, exkl. des Bataillons und der Eskadron, welche in der Nähe der abgebrannten Brücke sich befinden; Lieutenant W. kann die Führung der neugebildeten Avantgarde übernehmen.*)

---

*) Das Aufstellen der Truppenzeichen findet in folgender Weise statt:

Lieutenant W. (Avantgarde) stellt einen Kompagnie-Stein in das kleine Gebüsch, welches sich 250 Schritt nordöstlich der Brücke befindet, den anderen an die am weitesten östlich vorspringende Ecke der Wiese. Auf seine Weisung stellt Lieutenant B. die Batterie etwas rückwärts dieser beiden Kompagnien auf, die beiden zu denselben gehörigen Steine übereinander gestellt, die Geschütze von der Seite, wo der Feind erwartet wird, abgewendet.

Hauptmann H. stellt die drei Steine, durch welche die sechs Kompagnien des Gros markirt werden so, daß ein Stein à zwei Kompagnien bereits südlich an der Wiese herausgebogen ist. Durch eine kleine Intervalle von einander getrennt, werden die beiden anderen Steine à zwei Kompagnien (das 2. Bataillon) in der bereits früher bezeichneten Marsch-Kolonnenformation hintereinander geschoben, derartig aufgestellt, daß ihr vorderster Stein bereits zur Hälfte sich auf dem rechten Ufer befindet, der zweite in der Dorfstraße resp. auf dem Wege steht. Da die Truppenzeichen eines Bataillons unsere angenommene Marschlänge nicht vollständig erreichen, kann die Tete des Ulanen-Regiments erst 100 Schritt rückwärts durch Lieutenant U. aufgestellt werden. Die Länge der drei Eskadrons beträgt in Wirklichkeit 600 Schritt. Dies wird derartig dargestellt, daß die letzte Eskadron so weit rückwärts hingesetzt wird, daß von seiner Queue bis zur Tete des vordersten Eskadron-Steins diese Entfernung herauskommt. Der 3. Eskadron-Stein wird in die Mitte zwischen den beiden anderen eingeschoben.

4. Rekognoszirung und Vormarsch des West-Detachements gegen Connewitz auf dem rechten Ufer der Pleiße.
8 Uhr 38 Minuten bis 9 Uhr 35 Minuten.

Zurückdrängen der beiden Dragoner-Eskadrons des Ost-Detachements.
8 Uhr 38 Minuten bis 8 Uhr 53 Minuten.

Der Leitende: Der Aufmarsch der Infanterie bei Schloß Markkleeberg ist bis 8 Uhr 41 Minuten beendet; wohin sollen die Ulanen ihren Marsch richten?

Lieutenant U.: Sobald das Defilee frei ist, setzen sich die Ulanen in Trab und marschiren in Eskadrons-Kolonne auf. Die 4. Eskadron ist bei dem Füsilier-Bataillon verblieben; die 1. Eskadron, welche die Spitze hat, marschirt hinter der südlichen Ecke des bis Dölitz sich erstreckenden Waldes auf, die beiden anderen Eskadrons setzen sich auf Treffen-Abstand dahinter. Sobald dies ausgeführt, trabt das Regiment östlich der Chaussee gegen Dölitz vor.

Der Leitende: Die Tiefe der Marsch-Kolonne beträgt 600 Schritt, die Entfernung von der Brücke bis zur Stelle, wo die letzte Abtheilung hin soll, ebenfalls 600 Schritt, so daß der Aufmarsch etwa 8 Uhr 45 Minuten hinter der Waldecke ausgeführt sein wird.

Hauptmann X.: Gleichzeitig befehle ich der Batterie, sich der Vorbewegung der Ulanen anzuschließen.

Lieutenant B.: Die Batterie geht im Trabe in Gefechtsformation bis auf die Höhe östlich der großen Straße, an deren Fuße sich die beiden kleinen Waldparzellen befinden, vor, und zwar richtet sie ihre Bewegung so ein, daß sie dorthin gelangt, sobald die Ulanen bei ihrem weiteren Vormarsch die Straße überschreiten.

Der Leitende wendet sich hierauf an den Gegner, Lieutenant D., und fragt ihn, was er zu thun beabsichtigt, wenn das feindliche Ulanen-Regiment vorgeht.

Lieutenant D.: Die 2. Dragoner-Eskadron, von der ein Zug bei der Infanterie an den Brücken von Connewitz geblieben ist, sitzt ab und besetzt die südlichsten Häuser von Dölitz, die 1. Eskadron, jetzt völlig vereinigt, bleibt links rückwärts in Reserve.

Der Leitende: Die Dragoner sehen, daß die bei Schloß Markkleeberg über die Pleiße vorkommenden Truppen etwa zwei Bataillone, eine Batterie und drei Eskadrons Ulanen stark sind, sie besetzen hierauf den südlichen Theil von Dölitz mit einigen abgesessenen

Zügen. Um 8 Uhr 45 Minuten sind die Ulanen hinter der Südspitze des Wäldchens von Dölitz formirt, gleichzeitig kommt östlich der großen Straße die Batterie des West-Detachements im Trabe vor. Lieutenant U. und Lieutenant B. haben ihre Truppenzeichen bis dorthin vorzubewegen und an den Punkten aufzustellen.

Lieutenant D.: Sobald ich dies bemerke, gehen die beiden Dragoner-Eskadrons bis hinter Neudörfchen—Dölitz zurück.

Der Leitende: Diese Bewegung kann ebenfalls um 8 Uhr 45 Minuten zur Ausführung gelangen; ich bitte, daß beide Parteien drei Minuten lang ihre Abtheilungen fortbewegen. Lieutenant D. fängt an.

Lieutenant D. mißt mit dem Zirkel drei Minuten Trab = 900 Schritt aus und stellt die beiden Dragoner-Eskadrons nördlich Neudörfchen auf; Patrouillen südlich der Gehöfte.

Lieutenant U. folgt mit den drei Ulanen-Eskadrons in zwei Treffen, die vorderste erreicht den Südrand von Dölitz; eine Patrouille auf 600 Schritt rechts seitwärts.

Lieutenant B. erklärt, daß er unter diesen Umständen nicht auf der Höhe mit der Batterie abprotze, sondern auf dem großen Wege den Ulanen folge. (Die Batterie wird daher auf demselben in Marschformation aufgestellt, mit der schmalen Seite des vordersten Steines 100 Schritt von den letzten Ulanen-Steinen entfernt.)

Hauptmann X. giebt an, daß er mit dem zweiten Treffen der Ulanen vorreite.

Dies ist die beiderseitige Lage um 8 Uhr 48 Minuten. — Bevor jetzt weiter gegangen werden kann, muß der Leitende sich über die inzwischen von den einzelnen Abtheilungen des Ost-Detachements getroffenen Anordnungen unterrichten. Hierbei ergiebt sich Folgendes:

Premier-Lieutenant B. hat die Brücke von Connewitz ebenfalls abbrennen lassen. Von der dort befindlichen 4. Kompagnie sind zwei Züge in den der Brücke zunächst gelegenen Gehöften ausgeschwärmt, von jedem derselben jedoch eine Sektion noch geschlossen in Reserve zurückbehalten worden. Der 3. Zug hat weiter nördlich eine Sektion in die Häuser gelegt, gegenüber des am linken Ufer befindlichen Gehöftes, der Rest des Zuges steht dahinter in der Dorfgasse, ebenfalls geschlossen; die 1. Kompagnie bildet an der Chaussee mitten im Dorfe die allgemeine Reserve. — Der Dragonerzug ist außerhalb des Dorfes an der Chaussee, Patrouillen desselben beobachten in dem Wald-Terrain weiter nördlich den Fluß.

Premier-Lieutenant E. hat vom Gros, dem Befehl des Detachements-Führers gemäß, die 6. und 7. Kompagnie in den südlichsten Theil von Connewitz vorgeschoben. Die Umfassung desselben wird ihm vom Leitenden auf Befragen südlich und östlich als eine 2½ bis 3 Fuß hohe Lehmmauer angegeben, nach Westen ist dieser Theil des Dorfes dagegen offen; das südlichste Gehöft ist von Stein und mit einer 4 Fuß hohen steinernen Mauer umgeben. Die 7. Kompagnie hat dieses Gehöft mit einem Zuge besetzt, welcher es zur Vertheidigung einrichtet, ihre beiden anderen Züge haben die Lehmmauer nach Osten und Süden zu besetzt. Die 6. Kompagnie steht auf dem kleinen dreieckigen Dorfplatze, wo sich der Teich befindet, in Reserve und verbreitert von dort aus die nach der Front befindlichen Durchgänge, auch richtet sie die Häuserreihe nördlich des Teiches zur Vertheidigung ein.

Als Haupt-Reserve stehen — in Halb-Bataillone formirt — die 5. und 8. Kompagnie, sowie die 2. und 3. Kompagnie auf dem nördlichen Hange der Höhe von Connewitz in verdeckter Aufstellung, und zwar östlich des großen Weges zwischen diesem und der Kuppe.

Dicht westlich dieser Kuppe hat Lieutenant E. seine Batterie bereits abgeprotzt.*)

In Bezug auf die Terrain-Verhältnisse erklärt der Leitende ferner, daß die Wiesen an den Teichen von Connewitz von der Chaussee an meist sumpfig, die von Lößnig jedoch, ebenso wie die längs der Pleiße zwischen Connewitz und Lößnig befindlichen, trocken und passirbar sind. Von der Höhe von Connewitz aus ist das Terrain bis zu den beiden Höhen nördlich des Weges Dölitz—Dösen im Allgemeinen zu übersehen, wenngleich die dazwischen liegenden kleineren Hügel vielfach dem Gegner Gelegenheit zu gedeckten Aufstellungen bieten.**) Die Pleiße ist fast durchgängig ohne Ueberbrückung nicht zu passiren.

8 Uhr 48 Minuten bis 8 Uhr 50 Minuten.

Der Leitende läßt hierauf das Spiel zwei Minuten fortsetzen (bis 8 Uhr 50 Minuten) und ersucht die Kavallerieführer die Ab-

---

*) Sämmtliche Truppen-Zeichen dieser Abtheilungen werden jedoch noch nicht aufgestellt.

**) Da auf dem hier benutzten Plane keine Horizontalen angegeben sind, müssen derartige Erläuterungen gegeben werden. Der Gegner erhält sie jedoch erst, wenn er das Terrain selbst betritt oder es rekognosziren läßt.

theilungen ihren weiteren Absichten gemäß zu bewegen, und zwar unter genauer Abmessung mittelst des Zirkels.

Lieutenant U. schiebt von der vordersten Ulanen-Eskadron zwei Züge im Galopp voraus, den einen bis an Dölitz an die Stelle, wo die Gehöfte von beiden Seiten die große Straße berühren, den anderen weiter rechts gegen den östlichen Ausgang von Neudörfchen. Der Rest des Regiments folgt Letzterem weiter rechts ausbiegend und Lieutenant B. läßt diesem die Batterie folgen.

Lieutenant C. (Artillerie des Ost-Detachements): In dem Augenblick, wenn die Eskadrons die Kammlinie der Höhe östlich Dölitz um 8 Uhr 50 Minuten unweit der Kuppe überschreiten, erhalten sie Feuer von meinen Geschützen.

Der Leitende: Die Batterie des Ost-Detachements ist auf der Höhe von Connewitz aufzustellen.*)

Hierauf erkundigt der Leitende sich bei den einzelnen Führern der verschiedenen Abtheilungen nach ihren Absichten.

Lieutenant U. (West-Detachement): Sobald ich das Feuer erhalte, gehe ich im Trabe bis an die südliche Lisiere von Neudörfchen heran.

Lieutenant B. (West-Detachment): Meine Batterie folgt nicht über die Kammlinie fort, sondern bleibt auf dem südlichen Hange der Höhe von Dölitz, entwickelt sich daselbst und geht in Linie bis nahe östlich der Kuppe so weit vor, daß sie dicht an der Höhenlinie abprotzen kann. Nachdem dies geschehen, eröffnet sie das Feuer gegen die feindliche Batterie.

Lieutenant U. (West-Detachement): Ich verbleibe mit dem Ulanen-Regiment an der südlichen Lisiere von Neudörfchen und lasse, falls die Dragoner abziehen, nur Patrouillen folgen.

Der Leitende: Was thun die Dragoner?

Lieutenant D. (Ost-Detachement): Um der Artillerie das Schußfeld frei zu geben, gehen beide Eskadrons längs der Landstraße bis hinter die Höhe von Connewitz zurück; nur Patrouillen verbleiben noch bei Lößnig.

8 Uhr 50 Minuten bis 8 Uhr 53 Minuten.

Der Leitende (für Alle): Um 8 Uhr 50 Minuten sind die ersten Schüsse der Batterie von der Höhe von Connewitz gegen die

---

*) Die östlich des südlichsten Theils von Connewitz befindliche Höhe wird weiterhin die Bezeichnung „Höhe von Connewitz" führen.

Ulanen gefallen; diese setzen ihre Bewegung fort und finden Deckung an der südlichen Umfassung von Neudörfchen, welche sie zwischen 8 Uhr 51 und 52 Minuten erreichen. Die Dragoner des Ost-Detachements gehen im Trabe von Neudörfchen längs des Weges auf Connewitz zurück.

Die Dragoner-Steine sind, nachdem ihr Führer den Weg gezeigt hat, welchen sie einschlagen, bis hinter den Abschnitt von Lößnig zurückzunehmen.

Die Ulanen sind bis an die südliche Umfassung von Neudörfchen vorzuschieben, Patrouillen nördlich des Ortes aufzustellen.

Die Infanterie des West-Detachements bei Schloß Markkleeberg ist vom Plane fortzunehmen.

Inzwischen ist die Batterie des West-Detachements auf dem südlichen Hange der Höhe von Dölitz vorgegangen, ohne hier vom Gegner gesehen worden zu sein, und um 8 Uhr 53 Minuten westlich der Kuppe abgeprotzt, von wo aus sie das Feuer gegen die feindliche Batterie aufnimmt. Die Batterie ist aufzustellen.

Zu derselben Zeit ungefähr erfährt der Kommandeur des West-Detachements durch die vorbefindlichen Patrouillen, daß die südliche Lisiere von Connewitz von feindlicher Infanterie besetzt ist. Ich bitte die Besetzung durch zwei Schützenzüge zu markiren.

Vorgehen der Infanterie des West-Detachements.
8 Uhr 53 Minuten bis 9 Uhr 35 Minuten.

Absichten der Führer nach 8 Uhr 53 Minuten.

Hauptmann T.: Ich schicke Befehl zurück, daß die Infanterie sofort antritt und auf der großen Straße bis zum Wege in Neudörfchen vorrückt. Eine Kompagnie soll jedoch zur Besetzung des Ueberganges bei Schloß Markkleeberg verbleiben; da die Infanterie so bald noch nicht einzutreffen vermag, gebe ich der Batterie Befehl, das Feuer einzustellen.

Der Leitende: Wenngleich die zwischen den beiden Batterien befindlichen Erhebungen den Beobachtungen der Wirkung nachtheilig sind, so beträgt doch die Entfernung zwischen ihnen nur circa 2100 Schritt. Auf die Dauer kann daher die Batterie bei Dölitz nicht ruhig in Position verbleiben, ohne das feindliche Feuer zu erwidern.

Lieutenant W.: Ich ziehe meine Geschütze alsdann bis hinter die Dölitzer Höhe zurück.

Der Leitende: Der Ueberbringer des Befehls nach Markkleeberg hat etwa 2000 Schritt bis zur Wiese vor dem Schloß zurückzulegen; er trifft mithin um 8 Uhr 57 Minuten dort ein.

Hauptmann Y. (Gros des West-Detachements): Ich lasse von dem bereits theilweis auseinandergezogenen 1. Bataillon eine Kompagnie, und zwar die 1., zur Sicherung des Ueberganges zurück. Mit den übrigen Abtheilungen, die drei Kompagnien des 1. Bataillons an der Tete, das 2. Bataillon dicht aufgeschlossen, trete ich sofort auf der großen Straße an.

Der Leitende: Die Tete würde demgemäß die 2000 Schritt bis zum Wege in Neudörfchen bis 9 Uhr 17 Minuten zurückgelegt haben.

Hauptmann X.: Die Infanterie erhält den Befehl, von Neudörfchen an sich westlich der Straße durch die Gärten zu wenden; aus dieser Richtung den Gegner in Connewitz anzugreifen; ein Bataillon soll dabei zu meiner speziellen Verfügung in Reserve zurückgehalten werden.

Hauptmann Y.: Ich lasse die 2. Kompagnie auf 300 Schritt vorausgehen, um den Weg zu bahnen; die Kompagnie nimmt ihren Schützenzug vor. Der Rest der Truppen folgt in Kompagnie-Kolonnen formirt hintereinander.

Der Leitende: Die 2. Kompagnie wird sich demgemäß um 9 Uhr 19 Minuten vom nördlichen Ende von Neudörfchen links ab in die Gärten wenden. Von dort bis zur nördlichen Lisiere von Lößnig sind 1000 Schritt; bei der Schwierigkeit, welche die Zäune, Mauern ꝛc. bieten, rechne ich 16 Minuten, bis die Lisiere erreicht wird — also um 9 Uhr 35 Minuten.

Wir wollen jetzt für beide Theile die Ereignisse von 8 Uhr 53 Minuten an fortführen.

Fortführung der Ereignisse von 8 Uhr 53 Minuten bis 9 Uhr 35 Minuten.

Der Leitende (für Alle): Die Führer ersuche ich, wenn sie in Folge der Ereignisse irgend welche Anordnungen treffen, die mir bisher noch nicht mitgetheilt sind, mich zu unterbrechen.

Die beiden Dragoner-Eskadrons setzen ihren Rückzug längs des Weges nach Connewitz fort, woselbst sie zwischen 8 Uhr 57 und 58 Minuten hinter der Höhe östlich des Dorfes verschwinden. Die Steine sind vom Plane fortzunehmen.

Die Batterie des West-Detachements giebt inzwischen von ihrer Position auf der Dölitzer Höhe einige Schüsse gegen die feindlichen Dragoner und die Artillerie ab, zieht jedoch nach wenigen Minuten ihre Geschütze wieder zurück. Ihre Batterie-Steine sind fortzunehmen. (8 Uhr 56 Minuten.)

Lieutenant E. (Artillerie des Ost-Detachements): Ich lasse hierauf das Feuer nur durch einige Schüsse unterhalten, welche das Terrain hinter Neudörfchen beunruhigen sollen.

Lieutenant U. (Kavallerie des West-Detachements): Sobald Granaten in der Nähe der Eskadrons einschlagen, verändere ich den Platz, ohne jedoch das Terrain hinter Neudörfchen zu räumen, da ich annehme, daß die vorliegenden Häuser und Gärten sowie die Terrain-Wellen dem Gegner keine Einsicht gestatten.

Der Leitende: Es vergeht einige Zeit, ohne daß beiderseitig etwas wesentlich Neues bemerkt wird, nur stellen die vorgehenden Ulanen-Patrouillen erneut fest, daß der südliche Abschnitt von Conne-witz stark von Infanterie besetzt ist; auch sieht man einen regen Verkehr von einzelnen Reitern an der Stelle, wo östlich des Dorfes die Batterie abgeprotzt ist.

Von 9 Uhr 20 Minuten an bemerkt man von der Höhe von Connewitz, daß eine Infanterie-Kolonne aus Dölitz (Neudörfchen) heraustritt und ihren Marsch durch die Gärten der Gehöfte fortsetzt, welche zwischen Neudörfchen und Lößnig westlich des Weges liegen.

Lieutenant E. (Artillerie des Ost-Detachements): Die Batterie richtet sofort ihr Feuer gegen diese Kolonne.

Lieutenant V. (Artillerie des West-Detachements): Meine Batterie tritt auf der Höhe östlich Dölitz wieder in Thätigkeit, um das Feuer der feindlichen Geschütze von der Infanterie abzulenken. (Die Batterie des West-Detachements wird wieder aufgestellt.)

Lieutenant E.: Ich werde das Artilleriefeuer erst beantworten, wenn es mich in empfindlicher Weise belästigt.

Der Leitende: Die Infanterie-Kolonne setzt ihren Marsch westlich des Weges durch die Gärten langsam fort, erleidet jedoch hierbei einige Verluste, auch fangen nach einiger Zeit ein paar Scheunen in dem Theile, welchen sie durchschreitet, zu brennen an. Ich ersuche den Hauptmann Y. den Marsch der Kolonne dadurch zu markiren, daß er einige Infanterie-Steine mit der unbemalten Seite nach oben in der Länge aufstellt, welche die Kolonne einnehmen wird. Derartig aufgestellte Steine sollen dem Gegner eine genaue Kenntniß der bezüglichen Truppenstärke verbergen; derselbe ist daher nur auf ihre Schätzung angewiesen, wobei die gesammte Ausdehnung, nicht etwa die Anzahl der verkehrt hingestellten Steine, den Anhalt bietet.

Um 9 Uhr 35 Minuten erscheinen starke Tirailleurschwärme an der nördlichen, aus einer Lehmmauer von 2½ Fuß bestehenden Umfassung von Lößnig, die Schützen wie die Kolonne sind daher durch Hauptmann Y. zu markiren,*) die gegenüberliegende Lisière von Connewitz ist stark besetzt (zwei Schützenzüge des Ost-Detachements sind dort aufzustellen).

In dieser Viertelstunde ist der Batterie des Ost-Detachements schließlich doch das Feuer der feindlichen Artillerie recht empfindlich geworden.

Lieutenant E. (Artillerie des Ost-Detachements): Ich nehme alsbann das Feuer gegen die Batterie wieder mit vier Geschützen auf, während die beiden rechten Flügelgeschütze die nördliche Umfassung von Lößnig ununterbrochen unter Feuer halten.

Der Leitende: Dies würde zunächst zur Folge haben, daß die eben an die Lehmmauer in Lößnig heraneilenden Tirailleurs, empfangen von diesem Artilleriefeuer und dem Feuer der Infanterie aus der Südlisière von Connewitz, nach den in der Nähe liegenden Häusern zurückstürzen und dort Deckung suchen. (9 Uhr 35 Minuten.)

Bevor weitergegangen werden kann, muß der Leitende wissen, in welcher Weise die Führung des Angriffes und der Vertheidigung beabsichtigt wird, und hat darüber die Parteien einzeln zu hören.

5. Gefecht um Connewitz.
9 Uhr 35 Minuten bis gegen 11 Uhr.

Absichten des West-Detachements.

Der Kommandeur des West-Detachements, Hauptmann X., erklärt sich über dieselben folgendermaßen:

Die Batterie erhält Befehl, gedeckt durch die drei Ulanen-Eskadrons, weiter vorzugehen und die feindliche Artillerie zu bekämpfen.

Die drei Kompagnien des 1. Bataillons sollen von Lößnig aus

---

*) Das Gros wird alsbann, da die Kompagnie-Kolonnen hintereinander marschiren sollen, die Tirailleurs etwa 300 Schritt und die vorderste Kompagnie ebenfalls 300 Schritt weit vorgeschoben sind, ungefähr eine Tiefe von 900 Schritt haben; die Queue hat sich also soeben aus Neudörfchen in die Gärten gewandt.

den Angriff auf Connewitz vorbereiten und sobald der Feind hinreichend erschüttert erscheint, den Angriff ausführen.

Das 2. Bataillon zieht sich halbwegs Lößnig und Neudörfchen aus den Gärten heraus und marschirt gedeckt in der Senkung in eine Reservestellung hinter die Höhe, deren Kuppe 500 Schritt südöstlich der Kirche von Lößnig sich befindet.*)

Meine Absicht ist, sobald ich im südlichen Abschnitte von Connewitz festen Fuß gefaßt habe und die feindliche Artillerie von der daneben liegenden Höhe vertrieben ist, mit dem Reserve-Bataillon gegen diese Höhe vorzustoßen. —

In Folge dieser Befehle treffen die Unterführer folgende Anordnungen:

Lieutenant U. (Ulanen-Regiment): Ich trabe, die Senkungen zwischen den einzelnen Kuppen benutzend, östlich Neudörfchen bis an die kleine Höhe südlich der Lößniger Teichreihe heran, über deren Kuppe der aus Lößnig kommende Weg führt und nehme daselbst gedeckte Aufstellung.

Lieutenant B. (Artillerie): Die Batterie protzt auf und geht im Trabe östlich der Dölitzer Höhe durch die Senkungen nach der eben erwähnten Höhe südlich der Lößniger Teiche.

Hauptmann Y.: Das Reserve-Bataillon benutzt ebenfalls die Schluchtlinien, um den ihm bezeichneten Punkt zu erreichen; hinter der Lößniger Höhe angelangt, stellt es sich, in Kompagnie-Kolonnen nebeneinander entwickelt, gedeckt auf, der rechte Flügel in der Nähe des westlich der Teiche befindlichen Dammes. Die 5. Kompagnie schiebt östlich, die 8. Kompagnie westlich der Kuppe ihren Schützenzug vor.

Vom 1. Bataillon erhalten die 2. und 3. Kompagnie Befehl, die nördliche Lisière von Lößnig stark mit Schützen zu besetzen, die 4. Kompagnie bleibt an der Kirche in Reserve.

Der Leitende: Da Lieutenant W. keine Verwendung hat, kann ihm die spezielle Führung der 2. und 3. Kompagnie übertragen werden.

Lieutenant W.: Die 2. Kompagnie übernimmt den rechten Flügel, ein Zug derselben schwärmt an der Lehmmauer aus, ein zweiter besetzt die Nordfront der vor der Kirche bis zur Straße gelegenen Häuser, der dritte Zug dahinter in Reserve. Die 3. Kom-

---
*) Diese Höhe wird fernerhin als „Lößniger Höhe" hier bezeichnet werden.

pagnie auf dem linken Flügel läßt zwei Züge an der Lehmmauer ausschwärmen, der dritte verbleibt dahinter geschlossen in Reserve. An der Stelle, wo die Pleiße die Umfassung berührt, wird ein möglichst breiter Ausgang hergestellt, um von dort aus, über die Wiesen vorgehend, die feindliche Stellung westlich umfassen zu können.

Der Leitende: Ich nehme ferner an, daß beim Füsilier-Bataillon bald nach 9 Uhr eine Stelle gefunden ist, an welcher, wenn auch mit einigen Vorbereitungen und nur mit großer Vorsicht, die alte Pleiße durchwatet werden kann, und zwar befindet sich diese Stelle an der kleinen nach Norden biegenden Schleife des Flusses etwa 400 Schritt südlich der abgebrannten Brücke.

Premier-Lieutenant Z.: Dann lasse ich das Bataillon dort übergehen, die 9. Kompagnie richtet sich nach der Connewitzer Brücke, die 10. und 11. nach dem nördlich davon gelegenen Gehöft, woselbst sie Uebergangsmittel zusammensucht, die 12. bleibt vorläufig an der Chaussee in Reserve.

Der Leitende: Wir wollen annehmen, daß etwa um 9 Uhr 36 Minuten Ihre Schützen dies Gehöft sowie die ebenfalls abgebrannte Connewitzer Brücke erreichen; sie finden die gegenüberliegenden Gehöfte stark vom Feinde besetzt. Vom anderen Pleiße-Ufer haben sie bis jetzt nur in südöstlicher Richtung Geschützfeuer, doch nicht von besonderer Heftigkeit, gehört.

Absichten des Ost-Detachements.

Der Führer des Detachements, Hauptmann A., erklärt:

Ich schätze die über Lößnig heranrückende feindliche Kolonne auf höchstens drei Bataillone. So lange der Gegner nicht stärkere Kräfte entwickelt, werde ich die Vertheidigung der genommenen Stellung durchzuführen suchen. Nur befehle ich, daß die in Reserve an der Connewitzer Brücke stehende Kompagnie, die 1., zu der im südlichen Abschnitt des Dorfes befindlichen Reserve-Kompagnie stößt. Die an der Connewitzer Höhe stehenden vier Kompagnien sind bestimmt, die Vertheidigung von Connewitz zu unterstützen, doch beabsichtige ich, sie namentlich außerhalb des Dorfes in Verwendung zu bringen; vorläufig sollen sie durch Tirailleurs den Berghang zwischen der Batterie und dem Dorfe besetzen.

Die Dragoner-Eskadrons gehen auf der großen Straße bis hinter die Connewitzer Seen zurück, nur ein Zug verbleibt südlich derselben zur Aufklärung der linken Flanke.

Premier-Lieutenant T. (Führer des Gros) entnimmt die beiden Schützenzüge der auf dem rechten Flügel befindlichen Kompagnien (5. und 8.).

Auf Veranlassung des Leitenden werden dieselben derartig aufgestellt, daß sie die Richtung von der Kuppe nach dem Wege, der zu dem südlichsten großen Gehöft führt, erhalten.

Fortführung des Spiels von 9 Uhr 35 Minuten bis 9 Uhr 46 Minuten.
Entwickelung des West-Detachements zum Gefecht.

Der Leitende weist auf die soeben neu aufgestellten beiden Schützenzüge des Ost-Detachements hin, dann fährt er fort:

Beim West-Detachement vergehen etwa 3—5 Minuten, bis daß die mir mitgetheilten Anordnungen an die verschiedenen Abtheilungen gelangen und diese mit der Ausführung beginnen können.

Zunächst sieht man seitens des Ost-Detachements, daß die jetzt vorsichtig an die nördliche Mauer von Lößnig heranschleichende feindliche Infanterie dieselbe stark besetzt, ebenso die dahinter befindlichen Häuser. Diese Abtheilungen sind aufzustellen.

Lieutenant W. setzt auf den Plan drei Schützenstreifen an die Umfassung, einen Schützenstreifen auf die Häuser, welche sich dahinter zunächst der großen Straße befinden.

Der Leitende: Die in Lößnig außerdem befindlichen geschlossenen Abtheilungen des West-Detachements haben inzwischen Deckung hinter den Gebäuden ꝛc. gefunden und sind die sie bezeichnenden Truppensteine daher fortzunehmen.

Außerdem bemerkt man von der Höhe von Connewitz Bewegungen von Truppen aus Lößnig nach der Lößniger Höhe, hinter welcher sie verbleiben.

Ferner erkennt man, daß die südlich Neudörfchen befindlichen Ulanen-Eskadrons um das Dorf hervorkommen und, die Senkungen des Terrains benutzend, bis hinter die Höhe südlich der Lößniger Teiche herantraben.

Fast gleichzeitig mit ihnen protzt auch die Batterie des West-Detachements auf und geht, weiter östlich ausgreifend und ebenfalls die kleinen Schluchtlinien benutzend, vor.

Lieutenant U. und Lieutenant B. ersuche ich, auf dem Plane zu zeigen, in welcher Richtung diese Vorwärtsbewegung erfolgt. (Dies geschieht durch resp. Aussetzen und Vorschieben der Steine; Lieutenant B.

stellt hierbei die Batterie, abgeprotzt, unweit der Kuppe hin. — Die Ulanen-Steine werden wieder aufgesetzt, da die feindlichen Dragoner-Patrouillen sie sehen und dem Kommandeur des Ost-Detachements hiervon Meldung machen würden.)

Lieutenant E. (Artillerie des Ost-Detachements): Sobald ich die Vorwärtsbewegung bemerke, richte ich das Feuer sämmtlicher Geschütze meiner Batterie gegen die vorgehenden Ulanen und die Artillerie.

Lieutenant W. (Besatzung von Lößnig): Von der Nordost-Ecke von Lößnig aus, wo anscheinend der Abfall des vorliegenden Berges nur eine mangelhafte Bekämpfung des Gegners in Connewitz gestatten wird, lasse ich das Feuer auf die Batterie richten.

Der Leitende: Die Ulanen, sowie die Batterie des West-Detachements werden möglicherweise durch das feindliche Feuer einigen Verlust erleiden. Immerhin wird bei der schnellen Bewegung, dem hügeligen Terrain und der Benutzung der Deckungen dieser Verlust nicht sehr beträchtlich sein. Ferner kommt der Batterie des West-Detachements zu statten, daß sie sich gedeckt entwickeln kann und plötzlich, erst beim Abprotzen, an einer Stelle sichtbar wird, welche ihr Gegner früher noch nicht genau zu erkennen vermag.

Das Feuer aus Lößnig wird bei einer Entfernung von 8- bis 900 Schritt und namentlich, da es von starken Schützenschwärmen von der Connewitzer Höhe herab beantwortet wird, auf die Batterie des Ost-Detachements zunächst noch keinen wesentlichen Einfluß üben.

Die hier geschilderten Bewegungen würden mit dem Abprotzen der Batterie des West-Detachements auf der Höhe südlich der Lößniger Teiche um 9 Uhr 46 Minuten ihren Abschluß finden.

Inzwischen ist aber auch an der Connewitzer Brücke seit einiger Zeit lebhaftes Gewehrfeuer vernehmbar. Gegenüber den von den Abtheilungen des Ost-Detachements besetzten Häusern sind auf dem linken Pleiße-Ufer Schützenschwärme an der Brücke wie am Gehöft erschienen.

Ich ersuche die betreffenden Führer, dies zu markiren.

Premier-Lieutenant B. (Ost-Detachement) stellt zwei Schützenstreifen auf die der Brücke zunächst befindlichen Häuser und einen kleineren Stein, welcher nur eine Sektion bezeichnet, etwas nördlich davon auf.

Premier-Lieutenant Z. (Füsilier-Bataillon des West-Detachements) stellt je einen Schützenstreifen nahe an der Brücke und im Gehöft auf.

Hauptmann A. erklärt: er habe nicht darauf gerechnet, daß der Gegner so schnell über die alte Pleiße gelangen würde, er schicke daher an die 1. Kompagnie, welche aus ihrer Reservestellung vom nördlichen Theil nach dem südlichen Abschnitt von Connewitz beordert ist, den Befehl, wieder auf ihren früheren Platz zurückzukehren.

Der Leitende: Schließlich bemerke ich noch, daß seit 9½ Uhr Geschützfeuer in einzelnen Pausen von Leipzig her, und zwar aus der Gegend westlich der Stadt, vernehmbar ist.

Zur besseren Orientirung für den Leser ist auf der beigegebenen Umdrucks-Skizze unter B. B. die Aufstellung sämmtlicher Truppen um diese Zeit, 9 Uhr 46 Minuten, angegeben.*)

Wirklich durch Truppenzeichen auf dem Plane markirt sind jedoch nur folgende Abtheilungen:

1. Ost-Detachement.

Zwei Schützenzüge an der Brücke von Connewitz, eine kleinere Abtheilung nördlich davon; sämmtlich von der 1. Kompagnie.

Zwei Schützenzüge an der Süd- und Ost-Umfassung des südlichsten Abschnittes von Connewitz, ein Schützenzug in dem in demselben befindlichen Gehöft (von der 7. Kompagnie).

Zwei Schützenzüge der 5. und 8. Kompagnie auf dem Höhenrande zwischen diesem Abschnitte und der Batterie.

Die Batterie auf der Höhe von Connewitz. Oestlich derselben einige Dragoner-Patrouillen.

2. West-Detachement.

An der Pleiße ein Schützenzug der 9. Kompagnie vor der Brücke; ein Schützenzug der 10. Kompagnie im Gehöft.

In Lößnig, linker Flügel der Nordlisiere: Zwei Züge der 3. Kompagnie, rechter Flügel ebendaselbst, ein Zug der 2. Kompagnie

---

*) Die 1. Kompagnie des Ost-Detachements ist hierbei jedoch schon auf der Stelle eingezeichnet, an die sie nach dem zuletzt erwähnten Befehl bereits wieder dirigirt ist. Zur Zeit würde sie sich noch im südlichen Abschnitt von Connewitz befinden.

ein zweiter Zug derselben Kompagnie in den dahinter befindlichen Häusern.

Außerhalb des Dorfes: Zwei Schützenzüge (der 5. und 8. Kompagnie) an der Lößniger Höhe zu beiden Seiten der Kuppe.

Die Batterie an der Höhe südlich der Lößniger Teiche.

Das Ulanen-Regiment (drei Eskadrons) gedeckt hinter dieser Höhe.

Von 9 Uhr 46 Minuten bis 9 Uhr 51 Minuten.
Erster Angriff auf Connewitz.

Der Leitende: Wir können fünf Minuten weiter gehen. Ich ersuche hierbei die Führer, wiederum ihre beabsichtigten Bewegungen, insoweit der Feind sie sofort bemerken würde, laut anzusagen und die Truppenbewegungen, welche der Gegner sehen würde, auf dem Plane auszuführen. Bewegungen dagegen, welche noch gedeckt geschehen, sind mir nur leise mitzutheilen.

Das West-Detachement beginnt, und zwar vom linken Flügel an.

Premier-Lieutenant Z. verstärkt seine zwei an der Pleiße im Gefecht befindlichen Züge noch durch zwei weitere, indem er Letztere aufstellt.

Lieutenant W. erklärt, daß er mit der gesammten 3. Kompagnie umfassend gegen die Südwest-Spitze von Connewitz zum Angriff vorgehen wolle, und zwar in aufgelöster Ordnung, theils die nicht hohe Lehmmauer überkletternd, theils durch die vorbereiteten Oeffnungen.

Hauptmann Y. wird die Reserve-Kompagnie — die 4. — in Folge dessen bis an den westlichen Theil der Lößniger Umfassung heranschieben.

Weitere Anordnungen werden von dieser Partei vorläufig nicht getroffen.

Der Leitende bestimmt, daß diese Bewegungen vorläufig markirt werden sollen, indem drei Züge der 3. Kompagnie (zwei derselben waren bisher erst aufgestellt) gegen die Südwest-Spitze von Connewitz vorgeschoben und die 4. Kompagnie durch Aufstellen an der Mauer von Lößnig dem Gegner gezeigt werde.

Beim Ost-Detachement.

Premier-Lieutenant B. stellt dem Gehöft gegenüber, wo er bis jetzt nur eine Sektion hatte, den betreffenden Zug ganz auf.

Premier-Lieutenant C. will seine Reserve-Kompagnie (die 6.)

näher an das Gehöft im südlichen Abschnitt von Connewitz heranziehen; da der Gegner sie erst beim Gelingen seines Angriffes sehen würde, braucht sie vorläufig nicht markirt zu werden.

Sonst wird auch bei diesem Detachement zunächst nichts angeordnet.

In Bezug auf den Angriff von Connewitz trifft der Leitende folgende Entscheidung:

Der rechte Flügel der 3. Kompagnie des West-Detachements erhält bereits beim Uebersteigen der Mauer von Lößnig ein so heftiges Schnellfeuer, daß er sofort den Versuch aufgiebt; der linke Flügel dagegen gelangt auf den trockenen Wiesen bis in die Höhe der vom Feinde besetzten Mauer, hier jedoch wird er aus dem von einer Mauer umgebenen zunächst befindlichen Gehöft derartig beschossen, daß er anfangs zum Stehen kommt, und als gleich darauf ein Zug des Gegners westlich des Gehöftes hervortritt, zum Rückzuge gezwungen wird. Es gelingt, die Abtheilungen hinter der Nordlisiere von Lößnig wieder zum Stehen zu bringen.

Absichten der Führer nach 9 Uhr 51 Minuten.

Ich wünsche von beiden Parteien zu wissen, was sie für die nächste Zeit beabsichtigen.

Beim West-Detachement läßt Hauptmann J. die 4. Kompagnie in ihre Reservestellung in Lößnig zurückkehren; die gesammte 3. Kompagnie, sowie der noch geschlossen gebliebene Zug der 2. Kompagnie sollen an der Umfassung ausschwärmen, ein neuer Angriff soll nicht früher unternommen werden, bis daß der Feind hinlänglich erschüttert erscheint.

Demgemäß werden die über Lößnig vorgenommenen Truppenzeichen wieder zurückgezogen und an der Enceinte nunmehr fünf Schützenzüge aufgestellt,*) die 4. Kompagnie wird vom Plane fortgenommen.

An der Pleiße will Premier-Lieutenant Z. die 9., 10. und 11. Kompagnie allmälig so weit auflösen, daß eine jede nur noch einen Zug in Reserve behält und seine Bemühungen, Brückenmaterial aus dem Gehöft zu gewinnen, verdoppeln.

---

*) Wo der Platz zum Nebeneinanderstellen nicht ausreicht, werden sie hintereinander gestellt.

Vom Ost-Detachement schiebt Premier-Lieutenant C. von seiner Reserve-Kompagnie (der 6.) einen Zug als Soutien der ausgeschwärmten 7. Kompagnie näher an den rechten Flügel ihrer Schützen heran (wird aufgestellt).

Von 9 Uhr 51 Minuten bis 10 Uhr 6 Minuten.
Vorbereitungen zum erneuten Angriff auf Connewitz.

Der Leitende: In den nächsten 15 Minuten findet an der Pleiße eine allmälige Verstärkung der Schützen des West-Detachements statt, was Premier-Lieutenant Z. zu markiren hat (derselbe entwickelt in Summa dort sechs Züge).

Ebenso ist vom Moment an, daß der erste Angriff auf Connewitz abgeschlagen wurde, die Besetzung der Nordlisiere von Lößnig verstärkt worden, wie die bereits auf dem Plane aufgestellten Abtheilungen es ergeben.

Durch die Ueberlegenheit dieses Feuers werden die beiden Züge des Ost-Detachements in Connewitz wesentlich erschüttert, und der zu ihrer Unterstützung aufgestellte Zug der 6. Kompagnie ist genöthigt, um die Lücken auszufüllen, allmälig bis auf eine Sektion, welche hinter dem rechten Flügel noch geschlossen bleibt, ebenfalls auszuschwärmen.

Inzwischen haben die beiden Batterien sich auf einer Entfernung von nur 1300 Schritt von 9 Uhr 46 Minuten bis 10 Uhr 6 Minuten — also 20 Minuten lang — bekämpft. Eine Entscheidung würde daher entweder schon gefallen sein oder voraussichtlich in der nächsten Zeit fallen. Die Entscheidung selbst würde bei gleich gutem Schießen von beiden Seiten vom Zufall abhängen; nur die Batterie des Ost-Detachements ist insofern etwas im Nachtheil, als sie, wenngleich auf einer Entfernung von 800 Schritt, doch dem Flankenfeuer von Infanterie ausgesetzt ist. Ohne jedoch hierauf einen großen Werth zu legen, bestimme ich, um überhaupt eine Entscheidung zu geben: die Batterie des Ost-Detachements hat in dem Geschützkampf derartige Verluste erlitten, daß sie bei längerem Verbleiben befürchten muß, vollständig bewegungsunfähig zu werden.

Lieutenant C.: Ich ziehe die Geschütze zurück.

Der Leitende: Dies geschieht also etwa um 10 Uhr 6 Minuten.

10 Uhr 6 Minuten bis 10 Uhr 16 Minuten.
Fortsetzung der Vorbereitung.

Die Parteien werden wiederum einzeln über ihre weiteren Absichten befragt.

Hauptmann Y. will sofort wieder zum Angriff aus Lößnig gegen Connewitz vorgehen; Hauptmann X., der Führer des West-Detachements, verhindert dies jedoch und ordnet an, daß die Batterie zunächst die südliche Umfassung von Connewitz, wie den dahinter liegenden Abschnitt kräftig unter Feuer nehmen und der Angriff erst erfolgen solle, wenn eine wesentliche Erschütterung des Gegners bemerkbar wird. Der Vorstoß der Reserve (2. Bataillon) wird nicht eher stattfinden, als bis das 1. Bataillon in Connewitz festen Fuß gefaßt hat, nöthigenfalls wird Letzterem noch eine Kompagnie zur Verstärkung in Aussicht gestellt.

Lieutenant B. erklärt, daß er die Beschießung von Connewitz durch seine Batterie aus der bisherigen Position durchführen werde.

Beim Ost-Detachement werden weitere Anordnungen nicht getroffen. Nur Lieutenant E. wirft die Frage auf, wie lange seine Batterie gebrauche, bis sie wieder gefechtsfähig sei. Der Leitende erachtet hierzu, sobald die Batterie dies ungestört ausführen kann, 12 Minuten für erforderlich, für ein Geschütz jedoch noch längere Zeit. Lieutenant E. erklärt, daß er unter diesen Umständen, bei dem sehr beengten Terrain hinter seiner bisherigen Position, bis hinter die Connewitzer Seen, und zwar in die Nähe der Dragoner zurückgehen werde. (Die Batterie wird in Folge dessen vom Plane fortgenommen; sie gebraucht 7 Minuten bis an die bezeichnete Stelle im Schritt, ist also um 10 Uhr 25 Minuten wieder gefechtsfähig.)

Der Leitende vereinigt beide Detachements und erläutert ihnen die Ereignisse von 10 Uhr 6 Minuten bis 10 Uhr 16 Minuten folgendermaßen:

Um 10 Uhr 6 Minuten sieht die Batterie des Ost-Detachements sich in Folge beträchtlicher Verluste veranlaßt, ihre bisherige Stellung aufzugeben, die Batterie des West-Detachements verbleibt in ihrer Stellung, nimmt aber nunmehr die südliche Lisiere von Connewitz und das dahinter liegende Gehöft unter Feuer. Die Vertheidiger dieses Abschnittes werden in 8—10 Minuten von der Artillerie und der ihnen gegenüber aufgelösten starken Infanterie derartig mit Geschossen überschüttet, daß ihre bedeutenden Verluste und die Schwankungen selbst dem Gegner bemerklich werden.

Beim Ost-Detachement will Premier-Lieutenant B. (Gros des Ost-Detachements) die Lisiere noch länger behaupten und hierzu die beiden noch in Reserve im Dorfe befindlichen Züge der 6. Kompagnie ebenfalls verwenden, und diese durch die außerhalb des Dorfes zunächst befindliche 5. Kompagnie ersetzen.

Hauptmann A. verhindert Letzteres jedoch und giebt dafür Befehl, daß die 1. Kompagnie von der Connewitzer Brücke sich wieder nach dem südlichen Abschnitt begeben soll.

Premier-Lieutenant C. verstärkt die Vertheidigung der Lisiere noch durch die dahinter befindliche geschlossene Sektion der 6. Kompagnie, die beiden anderen Züge dieser Kompagnie verbleiben in ihrer Bereitschaftsstellung hart an der nördlichen Mauer des Gehöftes verdeckt.

An der Pleiße sieht sich Premier-Lieutenant B. (der von dem eben bezüglich der 1. Kompagnie gegebenen Befehl des Hauptmanns A. vorläufig noch keine Kenntniß haben darf) genöthigt, auch den Schützenzug der 1. Kompagnie zur Verstärkung des nördlich postirten zweiten Zuges der 4. Kompagnie zu verwenden.

Beim West-Detachement.

Hauptmann J. ordnet den erneuten Angriff auf Connewitz an. Der in den Häusern postirte Zug der 2. Kompagnie soll in denselben verbleiben, ein Zug der 4. Kompagnie die weiter westlich befindlichen Häuser besetzen, der Rest dieser Kompagnie wird dem Lieutenant W. zum Angriff zur Verfügung gestellt.

Lieutenant W.: Die zwei Züge der 2. Kompagnie, sowie die gesammte 3. Kompagnie gehen gleichzeitig zum Angriff vor, Letztere umfassend gegen die Südwest-Ecke des Dorfes. In dieser Richtung folgt die 4. Kompagnie (zwei Züge) geschlossen als Reserve. Der Angriff beginnt erst, sobald die 4. Kompagnie hinter dem linken Flügel eingetroffen ist.

Lieutenant B.: Ich lasse die Geschütze lebhafter gegen den Angriffspunkt feuern, sobald jedoch der Angriff erfolgt, nehme ich die auf der Connewitzer Höhe befindlichen Schützen zum Ziel.

Premier-Lieutenant Z.: An der Pleiße verstärke ich die Schützenlinien durch die Soutienzüge der fechtenden drei Kompagnien, von denen jede nur noch eine Sektion geschlossen zurückbehält.

10 Uhr 16 Minuten bis 10 Uhr 28 Minuten.
Zweiter Angriff auf Connewitz.

Der Leitende (für Alle): Um 10 Uhr 16 Minuten erhalten die Vertheidiger der Südlisiere von Connewitz eine, jedoch nur geringe, Verstärkung. Um 10 Uhr 19 Minuten (drei Minuten gerechnet, in welchen sich die 4. Kompagnie des West=Detachements auf den linken Flügel begiebt) erfolgt von Neuem ein Angriff auf Connewitz. Die starken Schützenschwärme an der Lisiere von Lößnig erheben sich und stürmen vor; auch diesmal richtet sich der Angriff auf Front und rechte Flanke, namentlich umfassend gegen Letztere. An dieser Stelle folgt den Schützen gleichzeitig ein geschlossenes Soutien.

Die vordersten Vertheidiger verlassen die Mauer und eilen hinter das Gehöft zurück, hinter diesem brechen zwei Züge hervor, um sich der Umfassung entgegenzuwerfen.

Premier=Lieutenant C. (Gros des Ost=Detachements): Ich lasse die beiden noch geschlossenen Züge der 5. Kompagnie von der Höhe aus sich an die östliche Umfassungsmauer werfen und das Innere des Abschnittes unter Feuer nehmen.

Lieutenant B. (West=Detachement): Ich richte das Feuer der Batterie vorzugsweise gegen diese Kompagnie.

Der Leitende: Die Gestaltung der Höhe bietet derselben einigermaßen Deckung, die dorthin gesandten Granaten werden Feind und Freund treffen.

Das Gefecht selbst dürfte folgenden Verlauf nehmen:

Der rechte Flügel der Angreifer wird durch das Feuer der bereits früher auf der Höhe entwickelten Schützen des Ost=Detachements beim Anprall stutzen, ein Theil der hier Vorstürmenden wird sogar hinter seine Deckung zurückkehren, ein anderer Theil sich weiter links werfen und von dort aus die schützende Mauer von Connewitz erreichen.

Auf dem linken Flügel dringen die Schützen bis an das Gehöft. Insoweit das Artilleriefeuer einzelne Theile seiner Umfassungsmauer zerstört haben sollte, werden vielleicht einige der Bravsten in dasselbe eindringen. Die Entscheidung liegt jedoch in dem Zusammenstoß der hier auftretenden Reserven. Die Ueberlegenheit des Angreifers konnte unter anderen Verhältnissen hier den Ausschlag zu seinen Gunsten geben, das Feuer der 5. Kompagnie in das Innere des Abschnittes und das Feuer aus dem Gehöft werden bei der

Beschränktheit des Raumes jedoch von großem Einfluß sein und jedenfalls der Vertheidigung sehr zu Statten kommen.

Ich entscheide also dahin: Der Vertheidiger bleibt im Besitz des Gehöftes, sowie eines Theils der östlichen Umfassung, welche er von außen besetzt hält. Die 6. Kompagnie und zwei Züge der 7., durch den heftigen Kampf vielfach durcheinander gerathen, suchen in den weiter zurückliegenden Gehöften und Gärten Deckung und setzen von dort aus das Feuer fort; ihre Offiziere bemühen sich, einige Ordnung in die Vertheidigung hinein zu bringen und kleine Soutiens wieder zu formiren, auf eine geschlossene Verwendung dieser fünf Züge ist vor der Hand nicht zu rechnen.

Der Angreifer ist mit einem Theile seines rechten Flügels wieder nach Lößnig zurückgewichen, hat sich dagegen mit starken Schützen-Abtheilungen der 2., 3. und 4. Kompagnie an der Mauer von Connewitz festgesetzt, während Abtheilungen der 3. und 4. Kompagnie von dem südlichsten Graben der Pleiße-Wiesen aus das Feuergefecht unterhalten. Der Rest beider Kompagnien wird vom Bataillons-Kommandeur an der Nordwest-Ecke von Lößnig als Soutien gesammelt.

Ich bitte beiderseitig die Truppenzeichen demgemäß aufzustellen.

Der Angriff begann um 10 Uhr 19 Minuten, zwei Minuten dauert es, bevor die Lisière von Connewitz erreicht wird, vier Minuten rechne ich auf das Vorbrechen und den Zusammenstoß der Reserven, weitere drei Minuten bis die Verhältnisse die zuletzt auseinandergesetzte Gestalt angenommen haben, so daß es jetzt 10 Uhr 28 Minuten sein würde.

10 Uhr 28 Minuten bis 10 Uhr 52 Minuten.
Vorstoß des West-Detachements außerhalb des Dorfes.
Absichten der Führer nach 10 Uhr 28 Minuten.

Der Leitende verlangt die Absichten der Führer wiederum einzeln zu erfahren.

Beim West-Detachement erklärt Hauptmann X., er wolle durch Vorgehen des 2. Bataillons gegen die Connewitzer Höhe die Entscheidung herbeizuführen suchen. Eine Kompagnie des Bataillons soll zu seiner speziellen Verfügung als letzte Reserve verbleiben und werde er diese auf einige Entfernung dem Angriff folgen lassen.

Sobald das 2. Bataillon in gleicher Höhe mit den Schützen des 1. Bataillons angelangt ist, gehen auch die drei Kompagnien dieses Bataillons auf dem linken Flügel erneut zum Angriff des südlichen Gehöftes von Connewitz vor.

In Folge dieses Befehls trifft Hauptmann H. (West-Detachement des Gros) für das 2. Bataillon folgende Bestimmungen:

Die 5. und 8. Kompagnie gehen östlich der großen Straße gegen die Connewitzer Höhe vor. Je nach dem Widerstande, welchen der Feind entgegensetzt, wird die Schützenlinie verstärkt.

Die 6. Kompagnie folgt im zweiten Treffen hinter dem rechten Flügel auf 300 Schritt Abstand.

Die 7. Kompagnie verbleibt zur Verfügung des Detachements-Kommandeurs. —

Lieutenant W. (1. Bataillon): Sobald die Schützen des 2. Bataillons in die Höhe der Nordlisiere von Lößnig gelangen, rückt der geschlossene Theil der 4. Kompagnie bis an die Südwest-Ecke von Connewitz. Die an der dortigen Mauer, wie in den Gräben der Wiese befindlichen Schützen sämmtlicher drei Kompagnien verbleiben auf ihren Plätzen und halten das vom Feinde besetzte Gehöft, sowie die dahinter befindlichen Gärten unter lebhaftem Feuer. Unter dem Schutze desselben bricht alsdann die 4. Kompagnie vor und sucht den Eingang in das Gehöft zu erzwingen.

Lieutenant B.: Die Batterie richtet vorläufig noch ihre Granaten gegen das genannte Gehöft; sobald jedoch das 2. Bataillon den Graben, welcher aus den Lößniger Teichen nach dem Dorfe zu führt, überschreitet, wenden sich sämmtliche Geschütze gegen die auf der Connewitzer Höhe sichtbaren Schützen, unter gleichzeitiger Beunruhigung des Terrains hinter derselben.

Premier-Lieutenant Z. beabsichtigt, sobald irgend eine Erschütterung der jenseits der Pleiße in den Häusern liegenden Schützen bemerkbar wird, mit Hülfe des aus dem Gehöft zusammengebrachten Materials einen Uebergang über die Pleiße zu versuchen.

Beim Ost-Detachement wirft der Leitende zunächst die Frage auf, was die bereits um 10 Uhr 25 Minuten wieder gefechtsfähig gewordene Batterie beabsichtige.

Der Führer derselben, Lieutenant E., erklärt, daß er sofort suche, sich wieder am Gefecht zu betheiligen, und zwar wolle er längs des Weges, welcher nördlich der Connewitzer Seen und alsdann über den mittelsten Damm fortführt, nach der Senkung östlich der Connewitzer Höhe vortraben und in dieser Senkung (bei b.) abprotzen. Seine Absicht sei, von dort aus das vor der Infanteriestellung befindliche Terrain aus nächster Entfernung unter flankirendem Feuer zu nehmen, während die gerade südlich von der Batterie liegenden Höhen dieselbe gegen das Feuer der feindlichen Artillerie schütze.

Der Leitende: Ihre Batterie wird daher um 10 Uhr 28 Minuten bereits mit der Tete den Damm betreten haben, und um 10 Uhr 32 Minuten an der bezeichneten Stelle (bei b.) mit fünf Geschützen abgeprotzt sein.

Die Frage, ob noch irgend besondere Anordnungen seitens des Ost-Detachements getroffen werden, wird verneint.

Der Leitende bemerkt noch, daß inzwischen das Geschützfeuer aus der Gegend westlich Leipzig an Heftigkeit zugenommen hat.

Fortführung des Spiels von 10 Uhr 28 Minuten bis 10 Uhr 36 Minuten.

Der Leitende: Ich werde nun in kurzen Zwischenräumen den Fortgang des Gefechts entwickeln, und bitte, mich zu unterbrechen, wenn irgend Jemand etwas befiehlt, resp. durch Aufstellen oder Bewegungen der Truppen-Steine dies zu markiren.

10 Uhr 29—32 Minuten. Um 10 Uhr 29 Minuten bemerkt das Ost-Detachement starke Tirailleurschwärme, welche über die Lößniger Höhe zwischen dem Dorfe und dem ersten Damme vorkommen. Diese haben bis 10 Uhr 32 Minuten sich bis in die Höhe der Nordlisiere von Lößnig vorbewegt. Dahinter erscheinen um diese Zeit ihre Soutiens, welche auf etwa zwei Kompagnien geschätzt werden, ebenfalls im Ueberschreiten der Höhe begriffen.

Premier-Lieutenant C. (Ost-Detachement): Die 5. Kompagnie beläßt nur einen Zug an der Mauer, mit den beiden anderen nimmt sie die Front gegen den im freien Terrain anrückenden Gegner.

Der Leitende: Das Feuer von der Connewitzer Höhe ist bereits so heftig, daß die zwei Schützenzüge starke Feuerlinie des Angreifers nicht weiter kommt. Die Abtheilungen sind demgemäß vorzuschieben, resp. neu aufzustellen. (Das Ost-Detachement hat drei Züge auf der Connewitzer Höhe, Front gegen Süden, einen gegen Westen, aufgelöst, das West-Detachement schiebt die beiden bereits aufgestellten Züge der 5. und 8. Kompagnie bis an den mit Bäumen besetzten Weg, welcher nördlich der Lößniger Teiche in die Ostlisiere des Dorfes hineinführt. Auf 300 Schritt dahinter werden die Kompagniekolonnen-Steine der 5. und 8. Kompagnie aufgesetzt).

10 Uhr 32—36 Minuten. Der Leitende: Wir wollen weitere 4 Minuten besprechen. Der linke Flügel des Angreifers erhält plötzlich Artilleriefeuer von einer soeben bei b. abgeprotzten Batterie und weicht zurück. (Die Batterie ist aufzustellen.)

Hauptmann H. (West-Detachement): Ich lasse von der 5. und 8. Kompagnie die Soutienzüge ausschwärmen, erstere soll sich hierbei mehr rechts wenden und, durch die dort befindliche Höhe gedeckt, der Batterie in die linke Flanke gehen. Die 6. Kompagnie folgt der Schützenlinie des rechten Flügels nunmehr auf 400 Schritt.

Premier-Lieutenant C. (Ost-Detachement): Die 3. Kompagnie entwickelt ihre Schützen auf der Kuppe und dem nach der Aufstellung der Batterie zu fallenden Hange der Connewitzer Höhe und rückt mit ihren anderen beiden Zügen hinter die Schützen.

Lieutenant C. (Batterie des Ost-Detachements): Sobald ich sehe, daß die feindlichen Tirailleurs den Hang der Höhe hart nördlich der Lößniger Seen heraufkommen, protze ich auf, gehe über den hinter mir befindlichen Damm wieder zurück und suche eine neue Position unweit des östlichsten Dammes — ungefähr an dem dortigen Fußwege — von wo aus ich glaube, das Terrain vor unserer Infanterie-Position noch beschießen zu können.

Der Leitende: Wir wollen überlegen, wie die Verhältnisse sich demgemäß um 10 Uhr 36 Minuten gestaltet haben würden.

Die ausschwärmenden Soutienzüge der 5. und 8. Kompagnie des West-Detachements werden etwa um 10 Uhr 34 Minuten die Schützenlinie verstärken; die Kompagnie-Steine sind fortzunehmen und dafür die Schützenzug-Steine aufzustellen, so daß in Summa deren sechs sich an dieser Stelle auf dem Plane befinden.

Die 6. Kompagnie ist um dieselbe Zeit auf 300 Schritt Entfernung vom rechten Flügel der Schützen angelangt und dort aufzustellen.

Beim Ost-Detachement ist der vorgenommene Schützenzug der 3. Kompagnie auf der Connewitzer Kuppe zu markiren.

Während der folgenden zwei Minuten — also bis 10 Uhr 36 Minuten — dürfte die 8. Kompagnie des West-Detachements schwerlich viel Terrain gewinnen, vielleicht einzelne Gruppen um 50 bis 100 Schritt weiter vorgetrieben haben. Dagegen würde der rechte Flügel der 5. Kompagnie, gedeckt durch die Berglehne, bei seinem Rechtsschieben sich der Batterie des Ost-Detachements bis auf 400 Schritt nähern. Sucht dieselbe auch einen Augenblick früher aufzuprotzen und über den Damm zurückzugehen, so würde der Abzug dennoch, da sie überdies zu Einem abbrechen muß, seine Schwierigkeiten haben. Ich entscheide daher, daß zwei Geschütze wegen zusammengeschossener Bespannung nicht mehr zum Abfahren gelangen, so daß nur noch drei Geschütze glücklich zurückkommen.

Für die weiteren Momente bitte ich mir, die Ansichten einzeln mitzutheilen.

10 Uhr 36 Minuten bis 10 Uhr 52 Minuten.

Beim West-Detachement will Hauptmann Y. die 5. Kompagnie noch weiter rechts ausgreifen lassen, um den feindlichen linken Flügel vollständig zu umfassen. In die hierdurch entstehende Lücke zwischen ihr und der 8. Kompagnie soll die 6. Kompagnie einrücken. Der Angriff in der Front soll nicht früher erfolgen, als bis die Umfassung durch den rechten Flügel weit genug vorgeschritten ist. In Folge dessen wird auch der Angriff des 1. Bataillons auf das Gehöft im südlichen Abschnitt von Connewitz noch hinausgeschoben.

Beim Ost-Detachement will Premier-Lieutenant C. gegen die drohende Umfassung die ganze 3. Kompagnie auflösen, die Front seiner Linie durch die beiden noch geschlossenen Züge der 8. Kompagnie verstärken und die 2. Kompagnie dort zur Verwendung bringen, wo zunächst eine Unterstützung erforderlich wird. — Die heranbeorderte 1. Kompagnie (der Leitende bemerkt, daß dieselbe nur mit zwei Zügen eintrifft) will der Detachementsführer, Hauptmann A., zwischen der Dorflisiere und der großen Straße zu seiner Verfügung behalten, um sie je nach Bedarf im Dorfe oder zur Vertheidigung der Höhe zu verwenden, die Dragoner-Eskadrons haben die Deckung der Batterie zu übernehmen und diese soll von nördlich der Connewitzer Seen aus in das Gefecht eingreifen.

Der Leitende erklärt, daß eine weitere Durchführung des Gerechts nicht erforderlich sei, da sich der Ausgang desselben bereits absehen ließe.

Den gegebenen Befehlen gemäß geht die 5. Kompagnie des West-Detachements mit halb rechts weiter vor, um den Hang bei c. zu gewinnen und den linken Flügel des Gegners zu umfassen; sie gebraucht hierzu etwa 9 Minuten, während welcher Zeit ihre 6. Kompagnie die Lücke zwischen ihr und der 8. Kompagnie ausfüllt. Der linke Flügel der Letzteren lehnt sich noch immer an die Nordost-Ecke von Lößnig.

Der Gegner hat inzwischen auf der Höhe von Connewitz allmälig die 3., 8. und den größten Theil der 5. Kompagnie zur Entwickelung gebracht, befindet sich also in gleicher Stärke in guter Position gegenüber.

Als nun um 10 Uhr 45 Minuten der entscheidende Moment des Angriffes herannaht, macht sich jedoch die Einwirkung der feindlichen Batterie, welche nach Heranziehung ihres inzwischen wieder gefechtsfähigen 6. Geschützes noch über vier Geschütze verfügt, in empfindlichster Weise bemerkbar. Diese sind unter dem Schutze der beiden Dragoner-Eskadrons nach d. gerückt und enfiliren den ganzen rechten Flügel des Angriffes. Die dort Vorgehenden stürzen in voller Auflösung nach den beiden zunächst befindlichen Dämmen an den Lößniger Teichen zurück.

Ebenso wenig Erfolg hat der Frontal-Angriff. Hier gehen die beiden Kompagnien (6. und 8.) des Ost-Detachements gegen $1^{3}/_{5}$ Kompagnien (5. und 8.), welche nur einen Raum von 400 Schritt zu vertheidigen haben, über ein Terrain vor, das ihnen nicht die mindeste Deckung bietet. Wenngleich das Feuer der Batterie des West-Detachements den gedeckten feindlichen Schützen manchen Verlust bereitet haben wird, so konnten diese ihre Soutiens jedoch jeder Einsicht entziehen. Wahrscheinlich wird das Ost-Detachement nicht ein Mal genöthigt sein, zur Abwehr des Angriffes auch noch die 2. Kompagnie einzusetzen.

Welchen Gang inzwischen auch das Gefecht im Dorfe genommen haben mag, so wird auch in demselben der Vertheidiger schließlich eine Ueberlegenheit zur Geltung bringen können. Außer den Vertheidigern des südlichen Abschnittes, 6. und 7. Kompagnie, sowie ein Zug der 5., stehen noch zur Verfügung, eventuell die 2. Kompagnie und zwei Züge der 1., in Summa also 4 Kompagnien. Der Angreifer, welcher zwei Züge in Lößnig zurückgelassen hat, verfügt dagegen nur über 2½ Kompagnie.

Zwischen 10 Uhr 50 und 52 Minuten sind sämmtliche Abtheilungen des Angreifers bis nach Lößnig resp. hinter den Graben zwischen Dorf und Teich zurückgewichen.

Ich wünsche zu wissen, was beide Führer beabsichtigen.

6. Abbrechen des Gefechts und Rückzug des West-Detachements.

10 Uhr 52 Minuten bis gegen 12 Uhr.

Das Ost-Detachement will den Gegner zunächst nur durch Feuer verfolgen, bloß die auf dem linken Flügel befindliche 3. Kompagnie rückt soweit nach, daß sie die Uebergänge über die Lößniger Teiche unter Feuer nehmen kann.

Beim West-Detachement erklärt Hauptmann X., daß er unter dem Schutze der beiden in Lößnig verbliebenen Züge, sowie der in Reserve befindlichen 7. Kompagnie, ferner der Batterie, wie der Ulanen, die Geworfenen hinter der Lößniger Höhe zunächst sammeln und wieder ordnen werde.

Da sich herausgestellt hat, daß seine Kräfte zur Vertreibung des Gegners aus seiner starken Position nicht hinreichen, will er demnächst den Rückzug antreten.

Die Ulanen und die Batterie haben die Deckung desselben zu übernehmen. Das Detachement geht nach Schloß Markkleeberg wieder zurück, überschreitet daselbst die Pleiße, wird aber das linke Ufer des Flusses zu halten suchen.

Das Ost-Detachement läßt nur die beiden Dragoner-Eskadrons folgen, um festzustellen, wo der Feind verbleibt. Die übrigen Truppen werden gesammelt und bereit gestellt, um, je nachdem sich die Verhältnisse bei Leipzig entwickeln, Verwendung zu finden.

Der Leitende rekapitulirt diese letzten Anordnungen noch ein Mal. Gleichzeitig bemerkt er, daß die Verhältnisse an der Connewitzer Brücke inzwischen keine Aenderung erlitten hätten. Der Vertheidiger hat vier Züge in eine Stellung eingenistet, die er gründlich vorzubereiten vermochte, die Ueberlegenheit des Gegners kann ihn daher bis jetzt wenigstens noch nicht vertrieben haben.

Es ist anzunehmen, daß das dort fechtende Füsilier-Bataillon des West-Detachements, nachdem es die Ueberzeugung erlangt hat, daß der Angriff des Gros auf dem rechten Pleiße-Ufer nicht geglückt ist, sich beeilen wird, bis hinter die alte Pleiße zurückzugehen.

Zum Schluß sei in Bezug auf die Zeit noch bemerkt, daß, wenn man zum Sammeln bei Lößnig etwa 20 Minuten in Anschlag bringt, die Infanterie des West-Detachements ungefähr gegen 12 Uhr Mittags die Brücke von Schloß Markkleeberg passirt haben dürfte. Die drei Ulanen-Eskadrons mit der Batterie würden sich um diese Zeit südlich Dölitz befinden.

Hiermit wird die Uebung auf dem Plane geschlossen.

Besprechung.

Dem eigentlichen Spiele hat sich jedesmal eine Besprechung desselben anzuschließen. Diese wird dadurch eingeleitet, daß zunächst sämmtliche Theilnehmer Kenntniß von den beiderseitigen Aufgaben und den in Folge derselben erlassenen Dispositionen erhalten, was durch Verlesen der betreffenden Schriftstücke seitens der Detachements-Führer geschieht. Demjenigen, welcher die Uebung geleitet hat, fällt es demnächst zu, seine Ansichten über die getroffenen Anordnungen darzulegen.

Dabei empfiehlt es sich, daß jeder Führer in den zur Besprechung gelangenden Momenten seine Gründe für die getroffenen Anordnungen selbst auseinandersetzt. Nicht unbedingt nothwendig dagegen ist es aber, daß diese Besprechung eine durchaus erschöpfende sei, vielmehr muß es dem Leitenden überlassen werden, nur die hauptsächlichsten Momente hervorzuheben, da sonst die Diskussion leicht sich über die Gebühr ausdehnt.

Selbstverständlich ist hierbei, daß diese Kritik sich jeder verletzenden Aeußerung zu enthalten hat; es wird Punkte geben, die unbedingt als falsch bezeichnet werden können — meist werden sich diese Fehler durch die Entwickelung der Verhältnisse aber schon von selbst bemerklich machen. Bei anderen Punkten dagegen wird es zweifelhaft erscheinen, ob wirklich Fehler vorliegen, um so mehr, da oft verschiedene Wege zum Ziele führen. Alsdann thut der Leitende gut, nur seine anderweitige Ansicht hinzustellen und dadurch zum Nachdenken anzuregen.

In Nachfolgendem soll — unter Fortfall aller Bemerkungen seitens der einzelnen Mitspieler — nur dasjenige beispielsweise zusammengestellt werden, was der Leitende über die hervorragenden Momente des hier vorgeführten Spieles möglicherweise bemerken könnte.

Der Vortrag des Leitenden würde, nach Mittheilung der Aufgaben und Dispositionen, etwa Folgendes enthalten:

Es lag in der Aufgabe beider Parteien, daß sie am Morgen des 2. August von ihren Versammlungsplätzen aus eine Vorwärts-Bewegung antraten; das Ost-Detachement mußte zunächst den ihm bestimmten Punkt Connewitz zu gewinnen suchen, das West-Detachement auf dem kürzesten Wege gegen Leipzig vordringen, um in das dort zu erwartende Gefecht einzugreifen.

Beiderseits sind die hierauf bezüglichen Anordnungen getroffen worden.

Beiderseits kam auch die sehr richtige Absicht zur Ausführung, möglichst bald über den Gegner Nachrichten zu erhalten.

Während jedoch das Ost-Detachement seine nur zwei Eskadrons starke Kavallerie vollständig zu diesem Zweck verwandte, schob der Gegner von seinen vier Eskadrons nur zwei vor, welche überdies noch getrennt wurden. Eine derselben verfolgte die Chaussee, die andere ging längs der Pleiße vor.

Hierdurch kam es, daß die im Ganzen schwächere Kavallerie des Ost-Detachements die auf der Chaussee antrabende Ulanen-Eskadron zurückdrückte und Einsicht in die Anmarsch-Richtung und Stärke ihres Gegners erhielt.

Das West-Detachement zog zwar seine an der Pleiße befindliche Eskadron heran und beeilte sich, die an der Queue des Gros marschirenden beiden Eskadrons vorzunehmen, konnte jedoch den Gegner nicht zeitig genug zurückdrücken.

Es zeigte sich somit, daß die Kavallerie des West-Detachements ihre Aufgabe, die Bewegungen des Gegners zeitig zu entdecken und die des eigenen Detachements zu verhüllen, nicht erfüllte. Sollte dies nach Kräften geschehen, so mußten sämmtliche vier Eskadrons von Anfang an dem Marsche vorausgehen, jedenfalls durfte aber nicht die Hälfte des Regiments an der Queue des Gros seinen Platz finden, um so mehr, als es hier im Marsche beengt wurde, da die Pferde auch im Schritt sich schneller bewegen als die Infanterie.

In Bezug auf das Kavalleriegefecht habe ich nichts Wesentliches zu bemerken; ebenso erachte ich es für angemessen, daß die Aufklärung auf dem rechten Pleiße-Ufer beiderseits von nur je einem Zuge ausgeführt wurde.

Beim West-Detachement tritt gleich darauf eine andere eigenthümliche Erscheinung hervor. Die bei Beendigung des Kavalleriegefechts nach Zöbigker gelangte Avantgarde (Füsilier-Bataillon) macht daselbst Halt und erwartet die Annäherung des 2500 Schritt entfernten Gros.

Gewiß waren die Bedenken gerechtfertigt, dieses Bataillon, nachdem die Nähe des Feindes sich bereits fühlbar gemacht hat, isolirt weiter marschiren zu lassen. Ein derartiger Aufenthalt wäre aber vermieden worden, wenn man den Abmarsch der Avantgarde und des Gros so kombinirt hätte, daß die Entfernung zwischen beiden nicht 2500, sondern etwa nur 600 oder 1000 Schritt betrug.

Ferner fällt beim Vergleich der Marschordnung auf beiden Seiten in's Auge, daß beim West-Detachement die Batterie sich in der Marschkolonne des Gros befindet, während das Ost-Detachement zwei Geschütze der Avantgarde und vier Geschütze dem Gros zugetheilt hat.

Die Theilung einer Batterie darf nur bei zwingender Nothwendigkeit erfolgen, und hierzu sehe ich im vorliegenden Falle keine Veranlassung; eine andere Frage ist dagegen, ob man die zusammengehaltene Batterie bei der Avantgarde oder beim Gros marschiren lassen soll.

Gewiß nimmt man die Artillerie, deren Wirkung auf größere Entfernungen reicht, soweit als irgend möglich nach vorne, und selbst bei so kleinen Detachements, wie hier (zwei und drei Bataillone) ist es nicht ganz gleichgültig, ob sie 1000 Schritt weiter vor oder zurück sich befindet. Immerhin muß aber die vorne marschirende Artillerie hinreichende Sicherheit genießen, dies aber wird fraglicher erscheinen bei zwei die Avantgarde bildenden Kompagnien, als bei einem Bataillon, da die Aufklärung des Nebenterrains erstere sehr leicht bis auf ein Minimum reduziren.

Befand sich die Avantgarde des West-Detachements nicht so weit vor dem Gros, wie dies hier der Fall war, so erschien es unbedenklich, ihr bereits die Batterie zuzutheilen, während ich bei der schwachen Avantgarde des Ost-Detachements es vorgezogen hätte, die Batterie ungetheilt beim Gros zu belassen.

Durch das Herannahen des West-Detachements sahen sich die ihm gegenüber befindlichen Dragoner genöthigt, allmälig auf Connewitz zurückzuweichen; die Brücke über die alte Pleiße wurde demnächst angezündet.

Zur Vertheidigung dieser Stelle hatte das Ost-Detachement von Anfang an seine erste Kompagnie bestimmt. Als jedoch die Meldung von der Annäherung feindlicher Infanterie einging, wurden vom Gros noch die 2. und 3. Kompagnie zur Unterstützung herangezogen. Ich gebe zu erwägen, ob dies nothwendig war, da eine ernstliche Behauptung der Linie der alten Pleiße gar nicht beabsichtigt wurde, und man seine Kräfte nicht ohne Noth auseinanderreißt.

Sobald das West-Detachement Meldung vom Abbrennen der Brücke erhielt, entschloß es sich sofort, mit dem Gros unter Formirung einer neuen Avantgarde rechts abzumarschiren und den Weg nach dem nächsten Uebergange über Oetzsch auf Schloß Markkleeberg einzuschlagen. Da man kein Brückenmaterial zur Hand hatte, war dieser Entschluß gewiß zweckmäßig, um so mehr mußte man aber Alles aufbieten, sich rechtzeitig in den Besitz des Ueberganges beim Schloß zu setzen, damit nicht auch dieser vorher vom Gegner zerstört wurde. Solches war aber nur durch schleunige Entsendung des Ulanen-Regiments oder wenigstens seines größten Theils zu ermöglichen.

Daß eine derartige Zerstörung nicht stattfand, war nur einer Unterlassung des Gegners zu danken. Die Dragoner desselben hatten ihre Aufgabe bis zum Zurückgehen nach Connewitz sehr gut durchgeführt, aber damit war die Aufgabe selbst noch keineswegs als beendet anzusehen. War ihnen der Weg dort verschlossen, um weitere Aufklärung über den Feind zu erhalten, so blieb ihnen jetzt der über Schloß Markkleeberg übrig. Gingen sie, statt beim Gros zu ruhen, sofort dorthin, besetzten die Brücke und schickten ihre Patrouillen von da auf das linke Pleiße-Ufer in die Flanke der ursprünglichen feindlichen Marschrichtung, so konnte beim Rechtsabmarsch des Gegners die Markkleeberger Brücke von ihnen rechtzeitig zerstört werden. Saßen alsdann die beiden Eskadrons hier ab und vertheidigten die Uebergangsstelle, so erlitten die Bewegungen des Gegners einen jedenfalls schwerwiegenden Aufenthalt.

Wir wollen zunächst das West-Detachement weiter verfolgen.

Dasselbe beließ das Füsilier-Bataillon und eine Eskadron im Vormarsch auf der Chaussee gegen die Connewitzer Brücken, eine Kompagnie verblieb später bei Schloß Markkleeberg zur Deckung des dortigen Ueberganges.

Wie wir gesehen haben, scheiterte der Angriff auf dem rechten Pleiße-Ufer schließlich an der Unzulänglichkeit der vorhandenen Mittel; es fragt sich daher, ob man überhaupt stärker dort hätte auftreten können, also: ob jene starken Abzweigungen, durch welche die Infanterie des Detachements an der entscheidenden Stelle von zwölf auf sieben Kompagnien reduzirt wurde, nicht zu vermeiden war?

Ich bin nun der Ansicht, daß diese Detachirungen allerdings zu stark gewesen sind. Das Abbrennen der vordersten Chausseebrücke bei Connewitz nöthigte das West-Detachement, eine andere Marschrichtung einzuschlagen, aber es verhinderte auch das Ost-Detachement, längs der Chaussee vorzugehen. Freilich konnte Letzteres statt der verbrannten Brücke einen neu herzustellenden Uebergang benutzen, allein um dies so lange zu verzögern, bis das Gros des Angreifers nach einem unglücklichen Gefechte auf dem rechten Pleiße-Ufer wieder auf das linke Ufer zurückkam, dazu hätte auch eine Kompagnie genügt. Ich hätte mithin beim West-Detachement statt des ganzen Füsilier-Bataillons und einer Eskadron nur eine Kompagnie und einen Zug Ulanen auf der Zwenkauer Chaussee gegen Connewitz belassen.

Was den Uebergang bei Schloß Markkleeberg betrifft, so lag die beste Deckung desselben im Vorgehen des ganzen Detachements auf dem rechten Ufer. Höchstens war zu befürchten, daß feindliche Kavallerie denselben zerstören konnte. Um dies zu verhindern, genügte aber die Zurücklassung eines halben oder ganzen Infanteriezuges.

Jedenfalls vermochte das West-Detachement fast um ein ganzes Bataillon stärker an dem entscheidenden Punkt aufzutreten als es thatsächlich geschah.

Das Gros des West-Detachements vollzog den Uebergang bei Schloß Markkleeberg. Dadurch aber, daß es seine drei Eskadrons Ulanen der Queue der Infanterie anschloß, gewannen die inzwischen herbeigeeilten Dragoner aufs Neue Gelegenheit, sich über Stärke und Stellung des Detachements zu unterrichten.

Schließlich drängten die Ulanen und die mit vorgenommene Batterie die Dragoner zurück. Das Gros ruhte inzwischen etwa eine Stunde lang. Ich gebe zu erwägen, in wie weit eine so lange Rast den Verhältnissen entsprach; jedenfalls kam dem Gegner jede Minute zu Statten, um sich in seiner neugewonnenen Aufstellung gründlich festzusetzen.

Mit der Entwickelung des Detachements und der Führung des Gefechts bin ich im Wesentlichen einverstanden. Indeß möchte ich auf einen Umstand hinweisen, der allerdings nicht zum Ausdruck gelangt ist, meiner Ansicht nach jedoch eine große Gefahr in sich schloß.

Es ist dies die Aufstellung des 2. Bataillons östlich Lößnig. Das Bataillon sollte zunächst zur Reserve dienen, befand sich aber eigentlich mit seinen sämmtlichen Kompagnien in der ersten Gefechtslinie. Beim Angriff sonderte sich zwar der Detachementsführer eine Kompagnie noch zu seiner speziellen Verfügung ab, es fragt sich jedoch, ob dies möglich gewesen wäre, sobald der Gegner ihm hier mit der Offensive zuvorkam. Truppen in erster Linie vorgezogen bilden nie eine zuverlässige Reserve für die oberste Führung, und ich hätte daher zwar die 5. und 8. Kompagnie an der Höhe von Lößnig belassen, dagegen die 6. und 7. Kompagnie als Reserve weiter rückwärts aufgestellt. Hier waren diese beiden Kompagnien alsdann bereit, sowohl das 1. Bataillon als die beiden vorgeschobenen Kompagnien (5. und 8.) zu unterstützen resp. weiter östlich in das Gefecht zu treten.

Was die Details des Kampfes betrifft, so scheiterte der erste Angriff aus Lößnig gegen Connewitz vorzugsweise aus Mangel an gründlicher Vorbereitung. Vor erneutem Versuche trat diese nunmehr in ausreichendster Weise ein, und hatte daher der zweite Angriff auch ein besseres Resultat.

In Anbetracht der geringen Mittel war der Hauptangriff gegen die Connewitzer Höhe wohl zweckmäßig eingeleitet, vielleicht hätte dabei von Anfang an mehr Gewicht auf eine Umfassung der linken feindlichen Flanke gelegt werden können; die trockenen Wiesen an den Lößniger Teichen gestatteten dies, ebenso wie späterhin eine Unterstützung der Artillerie von den Höhen nördlich dieser Teiche; auch konnte das Ulanen-Regiment das Vorgehen begleiten, um näher zur Hand zu sein.

Wären die an der Zwenckauer Chaussee und am Pleiße-Uebergang unnöthig zurückgelassenen vier Kompagnien hier zur Stelle gewesen, so hätte es sich überhaupt empfohlen, auf dem linken Flügel bei Lößnig und im Centrum den Gegner nur zu beschäftigen und den Hauptangriff, zu welchem dann mindestens sieben Kompagnien zur Verfügung blieben, unter Benutzung der deckenden Höhe nördlich der Lößniger Teiche gegen den linken feindlichen Flügel zu verwenden.

In Bezug auf das Füsilier-Bataillon würde ich, nach Ueberschreitung der alten Pleiße, ein anderes Verfahren eingeschlagen haben. Statt der schwierigen Aufgabe, welche es sich stellte, angesichts des in den Häusern eingenisteten Gegners die Pleiße zu forciren, wäre es für das Ganze nutzbringender gewesen, nur eine Kompagnie an der Connewitzer Brücke im Gefecht zu belassen, mit den anderen drei

Kompagnien aber flußaufwärts zu rücken. Man hörte das lebhafte Gefecht um den südlichen Abschnitt von Connewitz und konnte demselben eine wesentliche Unterstützung bringen, wenn man vom linken Ufer aus auf dasselbe einzuwirken versuchte.

Was das Ost-Detachement anbetrifft, so nahm es mit sechs Kompagnien eine Aufstellung, Front nach Süden, sobald der Marsch des Gegners auf Schloß Marktkleeberg bekannt wurde. Ob die gewählte Aufstellung die beste war, oder ob es sich nicht empfahl, den südlichen Theil von Connewitz aufzugeben und nur den nördlichen Abschnitt bis zur Kirche, sowie die östlich derselben befindliche Höhe zu behaupten, dies ließe sich nur an Ort und Stelle im Terrain selbst entscheiden. Letztere Aufstellung hätte den Vorzug gehabt, daß die Truppen in ihr konzentrirter gewesen wären, namentlich auch in Rücksicht auf die beiden an der Connewitzer Brücke befindlichen Kompagnien; ferner verhinderte das sumpfige Seenterrain alsdann jede Umfassung der linken Flanke. Andererseits ist die Wahl dieser Aufstellung jedoch abhängig von der Beschaffenheit der Baulichkeiten und den Höhenverhältnissen der dortigen beiden kleinen Hügel, was beides aus dem Plane nicht zu erkennen ist.

Bei der thatsächlich genommenen Aufstellung hätte ich die Verwendung zweier Kompagnien an der Connewitzer Brücke auszusetzen; eine genügte, und hätte ich vorgezogen, durch die andere meine Reserve zu verstärken.

Eine eigentliche Reserve war aber auch hier nicht vorhanden, auch hier fanden die außerhalb Connewitz disponirten vier Kompagnien ihre Verwendung in erster Linie. Ich hätte daher folgende Vertheilung der Infanterie vorgezogen. An der Brücke von Connewitz die 4. Kompagnie; im südlichen Abschnitt die 6. und 7. Kompagnie; auf der Höhe daneben die 5. und 8. und in Reserve an der Straße in Höhe des Teiches die 1., 2. und 3. Kompagnie. Vielleicht war es auch angebracht, eine der letzteren Kompagnien bis auf die Höhen nördlich der Lößniger Teiche vorzuschieben, um von dort aus durch ihr Feuer dem Vordringen des Gegners zwischen den Teichen entgegenzutreten. Uebrigens mußten die Kompagnien auf der Connewitzer Höhe Schützengräben aufwerfen, was verabsäumt wurde.

Im Allgemeinen bin ich mit der Führung des Gefechts hier einverstanden.

Was die Artillerie betrifft, so kann ich nichts dagegen sagen, daß sie ihre erste Stellung auf der Connewitzer Höhe verließ, als sich die Ueberlegenheit des feindlichen Feuers fühlbar machte. Der entscheidende Moment war noch nicht eingetreten, und für diesen sparte sie sich auf. Ob bei ihrem zweiten Auftreten eine Einwirkung nicht besser aus dem Terrain nördlich der Connewitzer Seen zu ermöglichen gewesen wäre, als südlich derselben, läßt sich aus dem Plane nicht mit Bestimmtheit erkennen. Jedenfalls aber mußte, sobald sie südlich auftrat, etwas für die Sicherheit ihrer linken Flanke geschehen, was jedoch unterblieb und den momentanen Verlust zweier Geschütze hervorrief.

Die beiden Dragoner-Eskadrons gelangten hinter den Seen von Connewitz zu keiner Gefechtsthätigkeit; eine solche war nur südlich derselben möglich, und hätten die Eskadrons dazu auf dem linken Flügel ihren Platz finden müssen.

Auch hier wäre allerdings die Aufstellung vor den Defileen ein Nachtheil, den übrigens die gesammte Stellung des Ost-Detachements in sich trug, nicht ohne Einfluß gewesen.

Was das Abbrechen des Gefechts und den Rückzug des West-Detachements bis hinter die Pleiße anbetrifft, so halte ich ersteres zwar für gerechtfertigt, letzteres jedoch nicht. Es hatte sich thatsächlich herausgestellt, daß die vorhandenen Kräfte zur Ueberwältigung des Gegners nicht ausreichten, man konnte mithin von einem erneuten Angriff auch kein günstigeres Resultat erwarten. Immerhin durfte man aber, so lange der Kampf um Leipzig selbst noch nicht entschieden war, nicht über die Pleiße zurückgehen und so dem gegenüber befindlichen feindlichen Detachement Gelegenheit geben, einen Theil seiner Kräfte für die Entscheidung um Leipzig zu verwerthen.

In Bezug auf letzteres Verhältniß erachte ich es auch gerechtfertigt, daß das Ost-Detachement von einer weitgehenden Verfolgung Abstand nahm, wenngleich wohl etwas mehr geschehen konnte, um das schnelle Sammeln des Gegners bei Lößnig zu verhindern.

Schlußbemerkung.

In Bezug auf die Leitung des Spiels sei hier noch bemerkt, daß dieselbe sich in Wirklichkeit viel einfacher gestaltet, als dies nach der vorliegenden Darstellung erscheinen dürfte. Die umständliche Berechnung in Bezug auf Ueberbringen von Befehlen, Feststellung, wo die einzelnen Abtheilungen sich befinden ꝛc., wie dies hier vorgeführt werden mußte, erleichtert sich auf den Plänen dadurch, daß man die betreffende Schrittzahl, welche der Geschwindigkeit der Bewegung zu Grunde liegt, in den Zirkel nimmt und mit jedem Zirkelschlage auch die bezügliche Zeitangabe erhält. Ferner fallen die umständlichen Bemerkungen des Leitenden und die Auseinandersetzungen der Führer, die hier zum besseren Verständniß gegeben werden mußten, beim Spiele selbst vielfach dadurch fort, daß die Betreffenden nicht erst zu sagen brauchen, was sie vorhaben, sondern dies durch Bewegen der Truppen-Steine resp. Aufsetzen neuer Steine vor Augen führen.

Der Leitende hat es schließlich in der Hand, für diejenigen Momente, welchen er eine eingehendere Durchführung zu geben beabsichtigt, die erforderliche Zeit dadurch zu gewinnen, daß er andere Momente mehr zusammenfaßt, wie dies z. B. hier mit dem Abbrechen des Gefechts, den Anordnungen des Rückzuges und der Verfolgung geschehen ist.

Notiz-Blatt
für das West-Detachement.
Hauptmann X.

Eintheilung.
    Avantgarde: Pr.-Lieut. Z. 3. und 4. Eskadron voraus.
                            Füsilier-Bataillon.
    Gros: Hauptm. Y. 1. Bataillon.
                            Batterie.
                            2. Bataillon.
                            1. und 2. Eskadron.
        NB. Die Kavallerie: Lieutenant U.
             Die Artillerie: Lieutenant V.
             Zur Verfügung: Lieutenant W.

Aufbruch:
    Avantgarde: 6 Uhr früh vom Bivouaksplatz.
    Gros: 6 Uhr früh von Zwenkau (¼ Meile vom Bivouaksplatz
                                           der Avantgarde).

Marschrichtung:
    Leipziger Straße

---

6 Uhr 30 Min. Avantgardenzug der 3. Eskadron 300 Schritt südwestlich Gautzsch.
                   Gros der 3. Eskadron 600 Schritt rückwärts.
                   Avantgardenzug der 4. Eskadron 500 Schritt nördlich Groß-
                                                     Städteln.
                 Gros der 4. Eskadron 600 Schritt rückwärts.
                 1 Zug der 4. Eskadron an der Pleiße.
6 „ 34 „   3. Eskadron hinter der Kuppe südlich Gautzsch. Meldungen des
                                                         Detachements.
6 „ 40 „   4. Eskadron bei Punkt 1.
6 „ 42 „   Avantgarden-Infanterie 800 Schritt nordöstlich Pröbel. —
                                                     Kavallerie-Zusammenstoß.
6 „ 49 „   1. und 2. Eskadron Befehl zum Vorgehen erhalten.
7 „ 1 „   1. und 2. Eskadron treffen bei Zöbigker ein.
7 „ 13 „   Gros vor Zöbigker.
7 „ 17 „   Ulanen-Regiment östlich Gautzsch.
7 „ 25 „   Ulanen-Regiment bei Jungfernlache.
7 „ 35 u. 36 M. Ulanen-Patrouille an der brennenden Brücke.
                 Avantgarden-Infanterie tritt aus Zöbigker an.
                 Gros erreicht Zöbigker.

7 Uhr	45 Min.	Gros, 200 Schritt in Gautzsch, erhält Befehl zum Halten.
7 „	48 „	Hauptmann X in Gautzsch.
7 „	49 „	Abmarsch auf Oetzsch.
8 „	8 „	Eintreffen der Tete bei Oetzsch.
8 „	24 „	Eintreffen der Tete bei Brücke Schloß Markkleeberg.
8 „	10 „	Füsilier-Bataillon an der abgebrannten Brücke.
8 „	38 „	Aufmarsch bei Markkleeberg Schloß beendet, excl. 3 Kompagnien, 3 Eskadrons. Meldung, daß zwei feindliche Eskadrons bei Dölitz.
8 „	45 „	Ulanen am Südende von Dölitz formirt.
8 „	57 „	Befehl geht beim Gros ein, anzutreten.
9 „	17 „	Tete des Gros am Kreuzweg in Dölitz.
9 „	35 „	Tirailleurs an der Nordlisiere von Lößnig.
9 „	36 „	Füsilier-Bataillon mit Schützen an der Pleiße.
9 „	46 „	Batterie südlich der Lößniger Teiche.
9 „	51 „	Abgeschlagener Angriff auf Connewitz.
10 „	19-28 „	Zweiter Angriff auf Connewitz.
10 „	29 „	Vorgehen des 2. Bataillons.
10 „	52 „	Truppen in die frühere Stellung bei Lößnig zurück.

Notiz-Blatt
für das Ost-Detachement.
Hauptmann A.

Eintheilung:
    Zwei Eskadrons, Lieutenant D., voraus.
    Avantgarde: Pr.-Lieut. B. 1. und 4. Kompagnie, 2 Geschütze.
    Gros: Pr.-Lieut. C. 2. und 3. Kompagnie (Abstand 600 Schritt).
        4 Geschütze.
        2. Bataillon.
    NB. Artillerie: Lieutenant E.

Aufbruch:
    6 Uhr früh. Chaussee in Höhe von Brand.

Marschrichtung:
    Connewitz.

---

6 Uhr 30 Min.		Avantgardenzug: 1. Dragoner-Eskadron südlich des Hohlweges östlich Gautzsch.
		Gros der 1. Eskadron 500 Schritt rückwärts.
		Gros der 2. Eskadron 400 Schritt vom Gros.
		1 Zug der 1. Eskadron Dölitz.
		Avantgarde der Infanterie, Nordeingang von Connewitz.
		Gros der Infanterie, 500 Schritt vom steinernen Kreuz.
6 „ 34 „		Aufmarsch der Dragoner hinter ihrer Avantgarde.
6 „ 42 „		Gefecht der Kavallerie.
6 „ 49 „		Feindliche Infanterie feuert aus Zöbigker.
6 „ 54 „		Meldung über das Geschehene geht zurück.
6 „ 56 „		Anmarsch feindlicher Verstärkungen von Pröbel her.
7 „ 17 „		Dragoner im Walde östlich Gautzsch.
7 „ 36 „		Die Brücke über alte Pleiße in Brand.
8 „ 10 „		Feindliche Infanterie an abgebrannte Brücke.
8 „ 21 „		Feindliches Ulanen-Regiment trabt nach Detzsch.
8 „ 25 „		Meldung von Dölitz vom Vorgehen feindlicher Infanterie über Detzsch.
8 „ 26-27 „		Befehle zur Front-Veränderung.
8 „ 38 „		Beide Dragoner-Eskadrons (excl. 1 Zug) Südenbe von Dölitz.
8 „ 45 „		Dragoner hinter Neudörfchen zurück.
8 „ 50 „		Batterie feuert auf die Ulanen.
8 „ 57 „		Dragoner hinter die Höhe von Connewitz.
10 „ 6 „		Batterie verläßt die Höhe.
10 „ 25 „		do. wieder gefechtsfähig.
10 „ 32 „		do. protzt südlich der Teiche ab.
10 „ 36 „		do. wird zum Abzuge genöthigt.

Druck von E. S. Mittler u. Sohn, Berlin, Kochstraße 68/70.

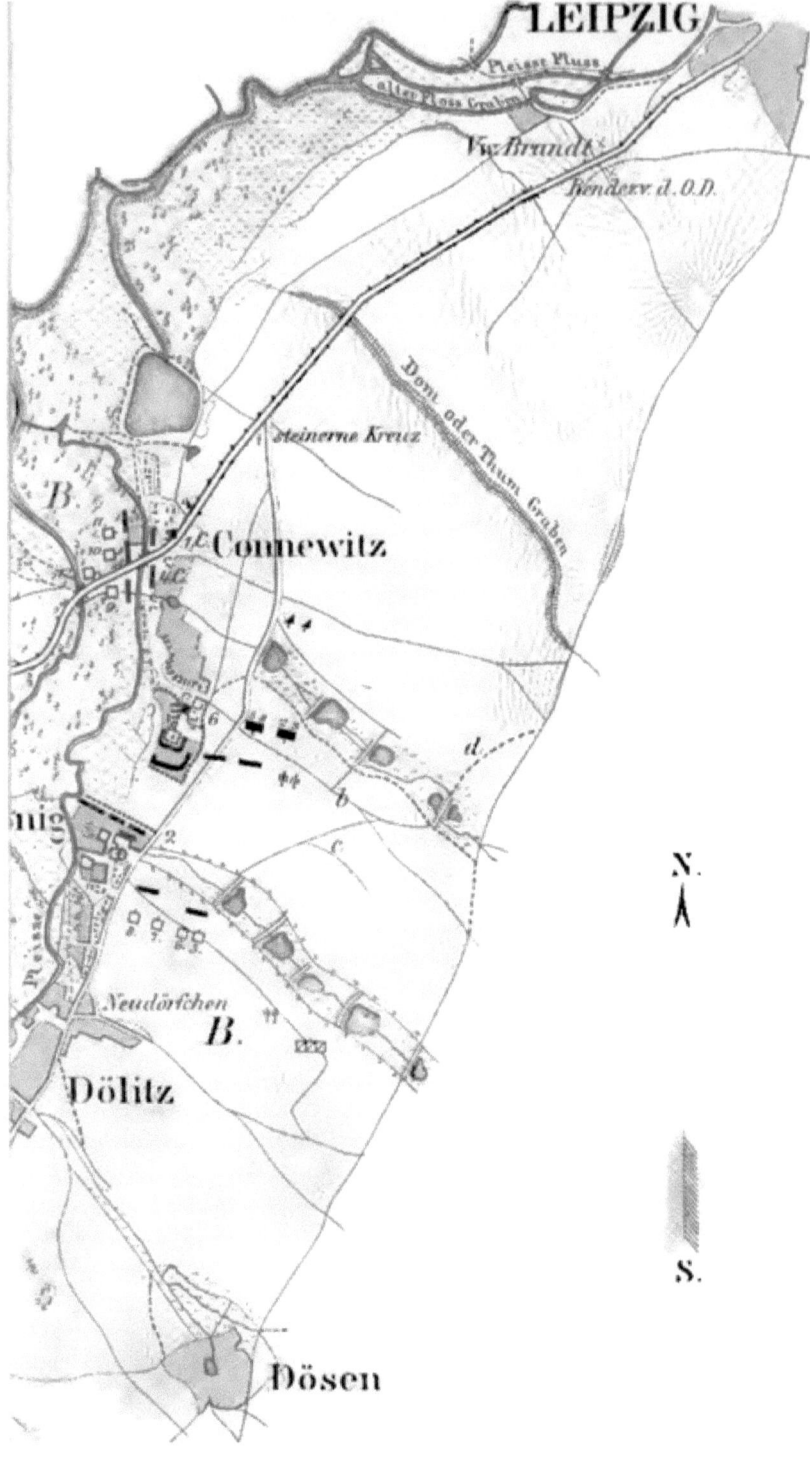